Zu Gast im Deidesheimer Hof

Stefan Neugebauers kreative Küche

Mit Fotografien von Björn Kray Iversen

UMSCHAU

DEIDESHEIMER HOF
DEIDESHEIMER HOF
Partnergemeinden

Historische Geißbockversteigerung am Dienstag nach Pfingsten

Aus dem Inhalt

	Vorwort von Altbundeskanzler Dr. Helmut Kohl	8
	Der Deidesheimer Hof – mehr als ein Hotel	10
	Sternekoch Stefan Neugebauer	20
Frühling	• Frühjahrs-Kochkurs	24
	• Maître d'hôtel Andreas Weber	26
	• Das Weinjahr – Frühling	28
	• Rezepte für den Frühling	30
	• Kleine Käsekunde	56
Sommer	• Sommer-Kochkurs	58
	• Das Weinjahr – Sommer	60
	• Rezepte für den Sommer	62
	• Kräuter in der Küche	82
Herbst	• Herbst-Kochkurs	88
	• Das Weinjahr-Herbst	90
	• Rezepte für den Herbst	92
	• Weinlese in der Pfalz	112
Winter	• Winter-Kochkurs	118
	• Das Weinjahr – Winter	120
	• Rezepte für den Winter	122
	• Kleine Gerätekunde	142

RELAIS & CHATEAUX

Kochfreu(n)de 144

Das Küchen-Team 150

Unsere Lieferanten 152

Kleines Küchen-ABC 154

Grundrezepte 156

Rezept-Register 158

Vorwort

Deidesheim ist eine der Perlen unter den pfälzischen Städten und Gemeinden. Und der Deidesheimer Hof ist ein gastronomischer Mittelpunkt dieser alten Stadt. Wer immer hier war, hat sich unvergessliche Erinnerungen bewahrt. Ich habe in vielen Jahren Staatsgäste aus der ganzen Welt in meine pfälzische Heimat eingeladen. Oft habe ich sie auch in den Deidesheimer Hof gebeten, von dem sie immer begeistert waren. Hier fühlten sie sich zu Hause.

Im Deidesheimer Hof lebt pfälzische Gastfreundschaft und Herzlichkeit – so sind die Pfälzer! Sie leben im mildesten Klima Deutschlands, wo Tabak, Esskastanien, Feigen und Mandeln gedeihen und wo vor allem auch ein vorzüglicher Wein wächst.

Wein ist kein Getränk wie jedes andere. Wein ist ein Teil der abendländischen Kultur. Der Weinbau in der Pfalz ist ein Erbe aus römischer Zeit. Wer Wein genießt, sollte nicht vergessen, dass der Anbau immer auch mit harter Arbeit und Sorge um die Ernte in den Weinbergen verbunden ist. Es ist eine Arbeit, die oft seit Generationen von ein und derselben Familie bewältigt wird.

Die Pfalz ist ein wichtiger Teil der deutschen Geschichte: Dafür stehen der Dom zu Speyer, in dem die salischen Kaiser begraben sind, oder das Hambacher Schloss, auf dem 1832 die schwarz-rot-goldene Flagge wehte, die heute unsere Nationalfahne ist. In dieser Grenzregion zu Frankreich, die auch Krieg und Leid erfahren hat, ist heute der europäische Frieden zu Hause

Der Deidesheimer Hof pflegt eine große Tradition mit einer köstlichen Küche, mit gutem Wein und mit Menschen, die in diesem Hause zueinander finden. Wer hier einkehrt, hat eine gute Chance, zu sich selbst zu finden, aber auch zu Freunden und Menschen, die einem nahe stehen.

Willkommen in meiner pfälzischen Heimat, willkommen in Deidesheim!

Mit allen guten Wünschen an zwei Generationen der Familie Hahn im Deidesheimer Hof

Dr. Helmut Kohl
Bundeskanzler a.D.

Mehr als ein Hotel – Der Deidesheimer Hof

In einer der schönsten Regionen Deutschlands, mitten im Herzen der Pfalz, erwartet Sie mit dem Deidesheimer Hof eines der besten Hotels der Region. Bereits beim Betreten dieses prachtvollen Renaissancehauses empfängt Sie eine Freundlichkeit, die jede Minute zu einem Erlebnis werden lässt. Der herzliche und professionelle Führungsstil der Familie Hahn verleiht dem Haus eine ganz besondere persönliche Note, die für den Gast einen spürbaren Unterschied macht.

The American Academy of Hospitality Sciences – Five Star Diamond Award

Ein Kleinod mit weltweitem Ruf

HOTEL RESTAURANT
DEIDESHEIMER
HOF

Als Relais&Châteaux Haus, das sich als Hochburg für Entspannung Suchende empfindet, bietet das Hotel sehr schöne, stilvoll gestaltete Zimmer mit allem Komfort und Suiten, die keinen Wunsch offen lassen. Bekannt nicht nur für seine vielfach ausgezeichnete Küche, beheimatet der Deidesheimer Hof neben dem Feinschmeckerrestaurant „Schwarzer Hahn" auch das Restaurant „Sankt Urban", welches sich vor allem auf die Verfeinerung der regionalen Küche versteht. Bei schönem Wetter können Sie auf der Terrasse zum historischen Marktplatz oder auch im Hofgarten die Reize der „Toskana in der Pfalz" in freier Natur erleben.

Die bewegte Geschichte des Hauses, das heute den Deidesheimer Hof beherbergt und als architektonisches Bauwerk ausgewiesen ist, geht bis ins Mittelalter zurück. Im 16. Jahrhundert war das Gebäude im Besitz des Fürstbischofs zu Speyer, der es als Lehen an die Edelleute von Dienheim vergab. Während der Revolutionskriege diente das Amtshaus 1793 der österreichischen Armee als Lazarett. Nach der französischen Revolution ging das Gebäude wieder in Privatbesitz über.

Die passend zum Stil des Hauses durchgeführten baulichen Veränderungen unterstreichen die Eleganz und den Charme von Hotel & Restaurant und bewahren dabei das Regionaltypische des Deidesheimer Hofes.

Bereits in der vierten Generation wird durch die Familie Hahn Gastfreundschaft auf höchstem Niveau gelebt.

Dank seiner exklusiven Ausstattung und individuellen Betreuung darf er fünf Sterne tragen und gehört damit deutschlandweit zu den ersten Adressen.

Restaurant St. Urban

Die gastronomischen Wurzeln des stolzen Patrizierhauses stammen aus den zwanziger Jahren des letzten Jahrhunderts, als die Winzergenossenschaft Deidesheim einen Teil des weitläufigen Ensembles kaufte.

Zur gleichen Zeit eröffnete die alteingesessene Deidesheimer Familie Hahn in Berlin die erste Pfälzer Weinstube und begeisterte nicht nur die Hauptstadt für Pfälzer Weine und Spezialitäten. Im Jahre 1970 ging der Deidesheimer Hof in den Besitz der Familie Hahn über, sie machte ihn in kurzer Zeit zu einem weit über die Pfalz hinaus bekannten Hotel & Restaurant. Mit dem Erwerb des „Dienheimer Schlosses“ konnte die Familie zur Jahrtausendwende die Einheit des historischen Anwesens wieder herstellen. Hierdurch wurde auch der Hotel- und Tagungsbereich großzügig erweitert.

Dezent und doch allgegenwärtig spürbar ist die Führung des Hauses durch die Familie Artur und Anita Hahn. Mit dem Sohn Hanns-Georg und der Tochter Luisa Hahn hat inzwischen die vierte Generation Verantwortung übernommen. Beide sorgen für neue Akzente. Mit Herzlichkeit und Kompetenz unterstützen sie die Eltern und erweitern kontinuierlich das vielfältige Angebot – so hat sich das Haus in den letzten Jahren auch als professionelles Tagungshotel einen ausgezeichneten Namen gemacht.

Dem besonderen Ambiente und vor allem der auf alter Tradition ruhenden, von Herzen kommenden Gastfreundschaft der Familie und ihrer mehr als 60 Mitarbeiter verdankt das Haus die Mitgliedschaft in einer der charmantesten Hotelvereinigungen der Welt „Relais & Châteaux“. Die fünf C's, die für die Vereinigung sowohl eine Qualitätscharta als auch eine Geisteshaltung sind, stehen im Einklang mit der Philosophie des Deidesheimer Hofes:

Sommer im Deidesheimer Hof: „Toskana in der Pfalz und Gallino – das etwas andere Restaurant“

Ein Buch ...
erzählt seine Geschichte

Ein Blick ins Gästebuch zeigt, welch bekannte Persönlichkeiten aus Politik, Wirtschaft, Kunst und Sport sich im Deidesheimer Hof verwöhnen ließen – und noch immer lassen.

Altbundeskanzler Helmut Kohl bewirtete während seiner sechzehnjährigen Amtszeit hohe Staatsgäste aus aller Welt im Deidesheimer Hof und machte ihn damit zum Schauplatz der Geschichte.

Margret Thatcher
30. April 1989

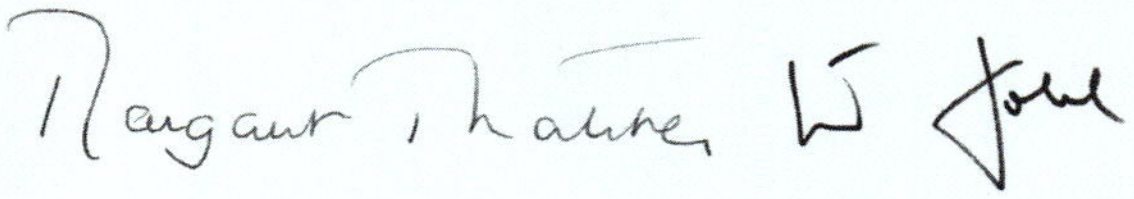

Michael und Raissa Gorbatschow
10. April 1990

Restaurant St. Urban

Die gastronomischen Wurzeln des stolzen Patrizierhauses stammen aus den zwanziger Jahren des letzten Jahrhunderts, als die Winzergenossenschaft Deidesheim einen Teil des weitläufigen Ensembles kaufte.

Zur gleichen Zeit eröffnete die alteingesessene Deidesheimer Familie Hahn in Berlin die erste Pfälzer Weinstube und begeisterte nicht nur die Hauptstadt für Pfälzer Weine und Spezialitäten. Im Jahre 1970 ging der Deidesheimer Hof in den Besitz der Familie Hahn über, sie machte ihn in kurzer Zeit zu einem weit über die Pfalz hinaus bekannten Hotel & Restaurant. Mit dem Erwerb des „Dienheimer Schlosses“ konnte die Familie zur Jahrtausendwende die Einheit des historischen Anwesens wieder herstellen. Hierdurch wurde auch der Hotel- und Tagungsbereich großzügig erweitert.

Sommer im Deidesheimer Hof: „Toskana in der Pfalz und Gallino – das etwas andere Restaurant“

Dezent und doch allgegenwärtig spürbar ist die Führung des Hauses durch die Familie Artur und Anita Hahn. Mit dem Sohn Hanns-Georg und der Tochter Luisa Hahn hat inzwischen die vierte Generation Verantwortung übernommen. Beide sorgen für neue Akzente. Mit Herzlichkeit und Kompetenz unterstützen sie die Eltern und erweitern kontinuierlich das vielfältige Angebot – so hat sich das Haus in den letzten Jahren auch als professionelles Tagungshotel einen ausgezeichneten Namen gemacht.

Dem besonderen Ambiente und vor allem der auf alter Tradition ruhenden, von Herzen kommenden Gastfreundschaft der Familie und ihrer mehr als 60 Mitarbeiter verdankt das Haus die Mitgliedschaft in einer der charmantesten Hotelvereinigungen der Welt „Relais & Châteaux“. Die fünf C's, die für die Vereinigung sowohl eine Qualitätscharta als auch eine Geisteshaltung sind, stehen im Einklang mit der Philosophie des Deidesheimer Hofes:

RELAIS & CHATEAUX

CARACTÈRE	Charakter und besonderer Stil
COURTOISIE	Freundlichkeit, individuelle Betreuung
CALME	Ruhe, die zur Entspannung beiträgt
CHARME	die besondere Ausstrahlung
CUISINE	kreative Küche von höchster Qualität.

Küchen-

tradition seit

1923

Altbundeskanzler Dr. Helmut Kohl, Ehrenbürger von Deidesheim, machte den Deidesheimer Hof zum Schauplatz der Weltgeschichte. Seit seiner Zeit als Ministerpräsident von Rheinland-Pfalz fühlt er sich dem Haus verbunden. Während seiner sechzehnjährigen Amtszeit als Bundeskanzler weilten hier Königliche Hoheiten, Präsidenten und andere hochrangige Politiker, wurden Gäste aus großen und kleinen Ländern der ganzen Welt fürstlich bewirtet. Ein Blättern im Gästebuch ist beeindruckender Beleg hierfür.

Prominenter Besuch ist auch heute regelmäßig angesagt. Persönlichkeiten aus Wirtschaft, Film, Kunst und Sport lassen sich hier verwöhnen, sei es zu Tagungen und Konferenzen, privaten Festen oder einfach um im Kreise von Familie und Freunden ein paar unbeschwerte Stunden genießen zu können. Sie alle schätzen die zauberhafte Kombination von gewachsener Pfälzer Gastlichkeit, verbunden mit erlesener Kochkunst unter der Regie von Sternekoch Stefan Neugebauer.

Nach verschiedenen Stationen in anderen Sterneküchen ist Neugebauer seit dem Jahre 2000 im Hause und führt als Chef die Küche ständig zu neuen Höchstleistungen, wie die Bewertungen in der einschlägigen Fachpresse eindrucksvoll dokumentieren.

Neben dem Gourmetbereich räumt man im Deidesheimer Hof unter dem Motto: „Authentische Pfälzer Landküche mit Tradition und Pfiff" vor allem der Regionalküche einen hohen Stellenwert ein. Unter der Leitung von Marc Schlürscheid wird im Restaurant „Sankt Urban" eine außergewöhnliche, vorzugsweise regionale Küche offeriert. Dem Michelin war dies 2005 zum zweiten Mal einen „Bib Gourmand" wert. Das Restaurant gibt sich gediegen und sehr behaglich. Das ursprünglich und betont rustikal belassene Ambiente eines Pfälzer Landgasthofs bietet den richtigen Rahmen für gemütliche Stunden.

Zum abendlichen Diner lädt das über 300 Jahre alte prachtvolle Gewölbe. Dort im Feinschmecker-Restaurant „Schwarzer Hahn" genießen die Gäste in edel-eleganter und dennoch entspannter Atmosphäre die „Haute cuisine du pays" von Stefan Neugebauer und seinem Team. Mâitre d'hôtel und Restaurantleiter Andreas Weber begleitet Sie dazu gerne auf einer Weinreise durch die Pfalz.

Im Deidesheimer Hof ist jeder willkommen, jeder Besucher ein geschätzter Gast. Ihm eine Einkehr zum unvergesslichen Erlebnis zu machen, ist die Maxime des Hauses. Mit ihrem persönlichen Stil hat Familie Hahn hier Maßstäbe gesetzt – weit über die Pfalz hinaus.

The American Academy of Hospitality Sciences
Five Star Diamond Award

Der Chef im sensiblen

Umgang

mit seinem Produkt.

Ein Buch …

erzählt seine Geschichte

Ein Blick ins Gästebuch zeigt, welch bekannte Persönlichkeiten aus Politik, Wirtschaft, Kunst und Sport sich im Deidesheimer Hof verwöhnen ließen – und noch immer lassen.

Altbundeskanzler Helmut Kohl bewirtete während seiner sechzehnjährigen Amtszeit hohe Staatsgäste aus aller Welt im Deidesheimer Hof und machte ihn damit zum Schauplatz der Geschichte.

Margret Thatcher
30. April 1989

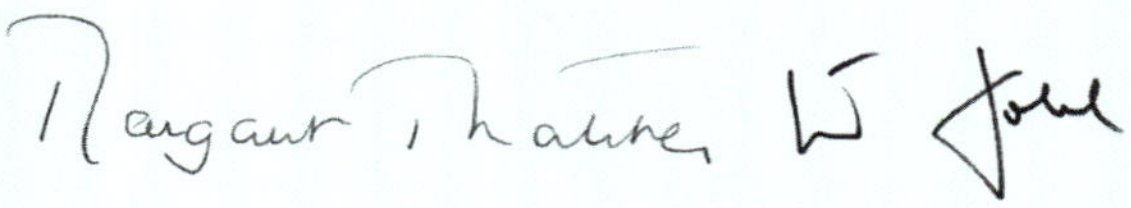

Michael und Raissa Gorbatschow
10. April 1990

Vaclav Havel
15. Oktober 1993

Königin Elisabeth II. 22. Oktober 1992

Montserrat Caballé
21. Juli 1997

José Carreras 6. Juli 1995

Paul Bocuse 16. Februar 1994

Ihre Majestäten Juan Carlos I.
und Konigin Sofia

17. Juli 1997

Otto Rehagel
September 1998

Romano Prodi 28. Juli 2001

Cliff Richard
2. April 2000

Fritz Walter

John Major
1. Oktober 1995

Haute cuisine du pays

Vita des Sternekochs Stefan Neugebauer

Geboren am 1.7.1975 in Rotenburg a. d. Fulda (Hessen)

1991 – 1992	Fachhochschule für Ernährungswissenschaft, Bad Hersfeld
1992 – 1995	Ausbildung zum Koch im Hotel Hohenhaus, Achim Schwekendiek, Herleshausen (Lehre bis 1994)
1995 – 1997	Residenz Heinz Winkler, Aschau im Chiemgau
1997 – 1999	Restaurant Dieter Müller, Bergisch Gladbach
1999 – 2000	Hotel Adler, Hans Jörg Wöhrle, Weil am Rhein
seit 2000	Restaurant Schwarzer Hahn im Deidesheimer Hof, Deidesheim
seit 2004	Küchenchef im Deidesheimer Hof, Deidesheim
seit Juli 2004	Chef zu Hause Frau Nina Neugebauer

Auszeichnungen

Bestes Fleischgericht Deutschlands, Trophe Taittinger

Michelinstern

Zweiter Platz „Aufsteiger des Jahres“, Der Feinschmecker

Drei Kochmützen und 17 Punkte im Gault Millau

Top 50 Koch Aral Schlemmeratlas

Kochen ist seine Leidenschaft. Die Liebe zur guten Küche wurde bereits im Elternhaus geweckt. Dort sorgten Mutter und Großmutter für das leibliche Wohl der Familie mit selbst bereiteten Gerichten aus frischen Zutaten, die dann auf den Tisch kamen, wenn sie Saison hatten.

Früh schon hatte Stefan Neugebauer klare Vorstellungen von seinem beruflichen Ziel. Die kreative Lust Neues zu entdecken und auszuprobieren begleitete seinen Werdegang. Stationen in Sternehäusern und bei berühmten Kollegen der Spitzengastronomie weckten seine Liebe zur Großen Küche, zur „Haute Cuisine". Sternekoch ist er nun selbst und längst hat er seinen eigenen Stil gefunden.

Vom Nachbarland Frankreich lässt er sich inspirieren, ohne die französische Küche zu kopieren. Auf seine eigene Art wandelt er sie ab und gibt ihr das Gesicht der Pfalz. Ganz bewusst identifiziert er sich mit der Region, die Speisekarte im Deidesheimer Hof spiegelt seinen Respekt vor der kulinarischen Tradition der Landschaft wider. Das „Schlaraffenland" liegt vor der Tür! Für den Spitzenkoch gilt allerdings Regionales nicht als ausschließliches Prinzip – die Qualität der Produkte muss ihn überzeugen.

Geschickt und raffiniert ergänzt und kombiniert er die Regionalküche mit Produkten der hohen Küche, adelt den Saumagen auf seine Art mit Gänseleber und Trüffel, paart Tradition mit Weltoffenheit. Mit Zutaten, die man sonst kaum irgendwo findet, mit Perlhuhnbäckchen, Hahnenkämmen, Schweinsohren und Lammzungen, beweist er, dass man nicht immer edle Produkte braucht, um gut und einfallsreich kochen zu können. Manchmal liegt das Geniale im Einfachen!

Konsequent verwirklicht Stefan Neugebauer seine Philosophie in der Verbindung von feinster und ursprünglicher regionaler Küche, eben seine „Haute cuisine du pays". So kocht er, ob regional oder international, nach eigenem Stil und immer mit viel Herz. Bodenständig und unkompliziert ist er trotz seines Erfolgs geblieben und stets voller neuer Ideen.

Sterne, Hauben, Bestecke und weitere Auszeichnungen sind der verdiente Lohn für Begabung, Kreativität und Professionalität des Meisterkochs – und für das Engagement, mit dem er Gästen kulinarischen Genuss bereitet.

Im Frühling

Der Spargel ist eines der beliebtesten Saisongemüse der Pfalz. Sein zarter „licht-hungriger“ Kopf würde sich jenseits seines Erdverstecks blau-rötlich färben. Der Spargel muss frisch gestochen sein und an der Schnittfläche noch feucht. Das Saisonende ist deutschlandweit genau am 24. Juni.

Frühlings-Kochkurs

Kochkurse–Wellness für „Geschmacksfanatiker“

Erholung und Entspannung auf die etwas andere Art können Sie bei meinen Kochkursen erleben. Unser „Wellnessprogramm“ dient zur inneren Anwendung und besteht aus einer Tagestherapie unter Aufsicht der weißen Brigade.

Ich zeige Ihnen, wie man problemlos Menüs zu Hause kochen und planen kann, welche Tricks und Kniffe Sie beim Einkaufen anwenden sollten.

Wir arbeiten mit Rezepten, die Sie gut vorbereiten können, denn einen schönen Abend mit Freunden sollte man nicht in der Küche verbringen, es sei denn, es ist eine Küchenparty. Wir bereiten etappenweise ein Fünf-Gang-Menü zu, das durch Weine aus der Region begleitet wird. Die Auswahl der Weine ist ebenso wichtig wie die geschmacklichen Kreationen auf dem Teller. Sommelier Andreas Weber stellt uns eine „Weinreise“ zusammen, die passend zu jedem Gang an unserem Gaumen endet.

Im Laufe des Tages werden Sie mit Gleichgesinnten einiges zu plaudern haben, aber aufgepasst: Reden und Arbeiten gleichzeitig ist nur etwas für fortgeschrittene „Geschmacksfanatiker“.

Am Ende des Tages verstehen Sie, dass Kochkunst etwas mit Handwerk zu tun hat und warum ein Menü im Feinschmeckerrestaurant keine zwanzig Euro kosten kann.

Stefan Neugebauer

ARD ROCK
CAFE
STOCKHOLM

ARD ROCK
CAFE
STOCKHOLM

Maître d'hôtel

Andreas Weber

Der 1965 geborene Andreas Weber fand als Quereinsteiger 1996 aus Liebe zum Wein und zu seiner Lebensgefährtin, einer Köchin, den Weg in die Gastronomie.

Der gelernte Hotelfachmann ist Restaurantleiter im Deidesheimer Hof, ihm untersteht auch der umfangreiche Weinkeller. Hier plaudert der bekennende Weinliebhaber über seine Berufsphilosophie:

Wein ist Emotion – Essen und Trinken soll lustvolles Genießen in entspannter Atmosphäre sein!

Es ist sicher unabdingbar, im Zirkel einer Weinverkostungsrunde eine gemeinsame (Fach-)Sprache zu sprechen und die Weine sezierersich „auseinander zu nehmen“ und zu bepunkten.

Im Restaurant ist eine verakademisierte Art der Weinansprache meines Erachtens jedoch fehl am Platz. Hier sollte die Sprache ruhig etwas bunter und gerne bildhaft sein, sollte die Weinbeschreibung beim Gast Emotionen und Erwartungen wecken, die dann durch den Wein erfüllt und bestätigt werden.

Weingenuss ist für mich unverzichtbares Stück Alltagskultur und Lebensfreude. Ein Essen ohne Wein kann toll sein – ein Essen mit Wein wird, wenn alles passt, zu einem vollendeten Genuss. In der Kombination von Speisen und Wein gibt es gewisse Mechanismen – ich möchte es nicht als

festes Regelwerk bezeichnen – die es einem erleichtern, stimmige Verbindungen zu finden. Das Grundwissen, dass Säure, Bitterkeit und Schärfe sich gegenseitig verstärken – versuchen Sie mal einen trockenen, säurebetonten Riesling zu Walnüssen! – dass Süße alle drei oben genannten Eigenschaften abpuffert und sich Süße und Süße gegenseitig aufheben, gehört zum kleinen Einmaleins des Genießers.

Manchmal macht es jedoch Sinn bewusst mit Säure, Bitterkeit und Schärfe und einer gewissen Süße zu spielen, um bestimmte Aspekte eines Gerichtes zu akzentuieren. Man kann diese Mechanismen also auch benutzen, um Spannung zu erzeugen. Bei einer „Weinreise" zu einem mehrgängigen Menü z. B. wird eine zu devote Weinwahl im Gesamtergebnis schnell langweilig. Ein wenig ist es wie in mancher gut funktionierenden erotischen Beziehung. Die Grundharmonie vorausgesetzt, ist es die spielerische wechselseitige Dominanz der Partner, die den Pep bringt und die Langeweile vertreibt.

Nur Mut – beim Wein meine ich natürlich!

In der Pfalz kehrt im März mit der Mandelblüte die Farbe in die Natur zurück. Der süßlich-herbe Duft weckt die Nase aus dem Winterschlaf. Die ersten ausdauernden Sonnenstrahlen laden zu längeren Spaziergängen ein.

Das Weinjahr
Frühling

Bewegung macht durstig und die unvermeidlich damit verbundene Rast ist einer der Momente, in denen sie besonders gut schmecken: die jungen, frischen Weine des neuen Jahrgangs mit üppigen Fruchtaromen, prickelnd mit ein wenig frischer Kohlensäure – wie ein fröhliches Lachen – mit einem Rest an jugendlich unbefangener Hefigkeit.

Es ist sowohl die Zeit knackiger, apfel-, zitrus- und pfirsichfruchtiger Rieslinge – stramme, freche Zechweine aus der Literflasche, nicht ohne Finesse – als auch leichter, eleganter und doch spritziger Kabinettweine. Etwas weicher in der Säure, jedoch mit ebenso extrovertierter Art, amüsieren jetzt auch Weiß- und Grauburgunder, letzterer häufig, frisch abgefüllt, mit dem Aroma kanarischer Apfelbananen.

Zu den Rieslingen und Burgundern gesellen sich floral duftige, zartwürzige Müller-Thurgau, „modern" immer öfter Rivaner genannt – ein, wie man heute weiß, missverständliches Synonym. Es handelt sich dabei nämlich nicht um eine Kreuzung aus Riesling und Silvaner, sondern aus Riesling und einer französischen Tafeltraube; das erklärte dann auch den leichten Muskatton. Dazu kommen die etwas stoffigeren und oft ein wenig vegetabilen Silvaner, die ebenso gut in die meist Mitte April beginnende Spargelzeit passen wie der „zugezogene" Sauvignon Blanc. Die bekanntesten Weine dieser kapriziösen Rebsorte kommen aus der französischen Appellation Sancerre und aus den Überseeländern Südafrika und Neuseeland.

Die Bandbreite des Sauvignon Blanc ist mittlerweile recht groß, jedoch sie auszukosten erfordert aufgrund der begrenzten Verfügbarkeit der Weine gute Insiderkenntnisse oder Kontakte zu den richtigen Winzern. Aus einem gewissen Eigeninteresse heraus werden Sie hier keine detaillierten Empfehlungen finden – Sie wissen: Angebot und Nachfrage ...

Sowohl das französische Anbaugebiet an der Loire als auch die neuseeländische Paraderegion Marlborough haben mit unseren heimischen Standorten eines gemeinsam: das international so genannte „Cool Climate". Vorausgesetzt, die klimatischen Bedingungen lassen die Rebsorte zur physiologischen Reife gelangen, werden sich, je länger die Vegetationsperiode vom Austrieb der Reben bis zur Traubenreife dauert, desto mehr und komplexere Fruchtaromen bilden.

Erstaunlicherweise beschäftigen sich die gängigen Weinführer nur sehr wenig mit den Qualitäten der heimischen Sauvignon Blanc. Deshalb wird es wohl einige Zeit dauern, bis eine repräsentative Vergleichsprobe Sancerre / Südafrika / Neuseeland / Pfalz vorliegen kann. Vermutlich wird es Juni, die Zeit der Holunderblüte, deren typischer Duft sich auch im Sauvignon Blanc wiederfindet – ein Versprechen auf den dann schon nahen Sommer.

Ein schwer zu widerlegendes Argument, das insbesondere für die deutschen Rieslinge spricht, seine Gültigkeit jedoch auch für die weißen Burgundersorten (auch Chardonnay!) hat und – der Versuch sei dringendst empfohlen – ebenso für den Sauvignon Blanc gilt. Mit Können und vielleicht auch ein wenig Intuition gelingt es den Winzern hierzulande, eine faszinierende Harmonie zu finden zwischen angenehm grasigen Noten, etwas Paprika, selbst Spargel, sowie der animierenden Fruchtigkeit – vor allem Cassis und Passionsfrucht – die diese Rebsorte auszeichnet.

Fünferlei Frühlings-Amuse-Bouche

Rollmops von Sardelle und Rind

Rosa gebratenen Rinderrücken mit nicht zu salzigen Sardellen und einem Basilikumblatt einrollen und mit blanchiertem Schnittlauch zusammenbinden.

Tatar vom Loup de mer mit grünen Mandeln

Loup de mer von der Haut befreien. Grüne Mandeln aufbrechen und die Kerne zusammen mit dem Fisch fein hacken. Mit Zitronen- und Limettensaft, Salz und Pfeffer marinieren.

Konfierter Steinbutt mit Paprika

Mit Olivenöl und Orangenschalen eingelegten Steinbutt bei 80 °C konfieren. Strunk und Kerne der Paprika entfernen, Paprika im Ofen bei 180 °C ca. 15 Minuten schmoren. Die Haut abziehen und das Fruchtfleisch mit Olivenöl mixen.

Lachs und Kapern im Knuspermantel

Lachs in gleichmäßige Rechtecke, Kapernbeeren in dünne Scheiben schneiden. Würzen und in dünne Streifen von Brikteig einrollen. In der Pfanne knusprig braten.

Kombination von Jakobsmuschel und Kalbsfilet

Kalbsfilet plattieren, Jakobsmuschel in dünne Scheiben schneiden. Aus Limettensaft, Ahornsirup und Olivenöl eine Vinaigrette herstellen und auf die abwechselnd gelegten Jakobsmuschel- und Kalbsfiletscheiben geben. Mit Maldon-Salz bestreuen.

Salat von Hummer und Fenchel mit Orangenvinaigrette und Meerwassergelee

Zutaten

Hummer: 2 lebende Hummer à 600 g • Meersalz • Lorbeerblatt, Wacholderbeeren • 1 EL Kümmel • 8 Minifenchel • 4 Orangen

Meerwassergelee: 300 ml Meerwasser (oder aufgekochtes stilles Mineralwasser, mit Meersalz versetzt) • 3,5 Blatt Gelatine • 1 Spritzer Zitronensaft

Orangenvinaigrette: 400 ml Orangensaft, frisch gepresst • 50 g brauner Zucker • 5 g Zitronenpfeffer • 2 Sternanis • 1 Vanilleschote, aufgeschnitten • 120 ml fruchtiges Olivenöl • 30 ml Safranessig • 30 ml Orangenblütenessig • Salz und Pfeffer

Garnitur: Fenchelgrün für 4 Personen

Für den Hummerkochsud in einem großen Topf Wasser mit Meersalz, Lorbeerblatt, Wacholder und Kümmel abschmecken. Hummer einzeln kopfüber in den sprudelnd kochenden Sud geben. Den Topf sofort vom Herd nehmen und ca. 6 Minuten ziehen lassen. Hummer herausnehmen und in Eiswasser abschrecken. Gelenke, Schwanz und Scheren ausbrechen, das Fleisch herauslösen und wieder in den handwarmen Sud legen.

Einen Teil des Hummersuds wieder erhitzen und die Minifenchel darin blanchieren. Von den Orangen die Schale einschließlich der weißen Innenhaut abschälen, die einzelnen Fruchtfilets vorsichtig zwischen den Trennhäuten herauslösen.

Für das Gelee die in kaltem Wasser eingeweichte und ausgedrückte Gelatine in einem Topf schmelzen, mit Meerwasser auffüllen. Ein flaches Blech mit Klarsichtfolie belegen. Gelee mit Zitronensaft abschmecken und auf dem Blech verteilen. Ca. 1 Stunde kalt stellen, danach in Würfel schneiden.

Für die Orangenvinaigrette braunen Zucker schmelzen lassen, mit Orangensaft ablöschen und auf etwa 150 ml reduzieren. Vanilleschote, Sternanis und Zitronenpfeffer zugeben und ca. 20 Minuten durchziehen lassen. Passieren und restliche Zutaten mit dem Pürierstab untermixen.

Fenchel, Orangenfilets und Hummerfleisch mit der Vinaigrette marinieren und in der Tellermitte anrichten. Meerwassergeleewürfel darum verteilen und mit der Vinaigrette einen Faden aufziehen. Mit Fenchelgrün ausgarnieren.

In Zitronenpfeffer eingelegter Seeteufel mit Pulpocarpaccio

Zutaten

Seeteufel: 400 g Seeteufelfilet • 30 g Zitronen-Bergpfeffer • 80 ml Olivenöl • 20 g Meersalz für 6 Personen

Pulpocarpaccio: 200 g 3 kg Pulpo • 1 Zwiebel • 2 Lorbeerblätter • 10 Pfefferkörner • 1 Zweig Thymian • 50 g Meersalz • 3 l trockener Rotwein • 200 g Staudensellerie, gewürfelt für 10 Portionen

Tomatenvinaigrette: 300 g Kirschtomaten • 2 Strauchtomaten • 6 Blätter Basilikum, gehackt • 10 ml Himbeeressig • 40 ml Olivenöl • Salz, Pfeffer, Zucker für 4 Personen

Das Seeteufelfilet in etwa 2 – 3 mm dünne Scheiben schneiden. Den Zitronenbergpfeffer und das Salz auf die ausgelegten Seeteufelscheiben verteilen, mit dem Olivenöl marinieren und ca. 1 Stunde ziehen lassen. Unter dem Salamander glasig garen und wieder abkühlen lassen.

Für das Pulpocarpaccio alle Zutaten in einen großen Topf geben und ca. 2 Stunden leicht sieden lassen. Den Pulpo in eine Terrinenform pressen und durchfrieren lassen.

Für die Tomatenvinaigrette die Kirschtomaten in Salzwasser blanchieren, Kerngehäuse und Haut entfernen. Genau so mit den Strauchtomaten verfahren. Kirschtomaten durch ein Haarsieb streichen, Strauchtomatenfilets in Würfel schneiden und mit dem Kirschtomatenpüree vermengen. Basilikum mit Olivenöl und Himbeeressig unter die Tomatensauce ziehen. Mit Salz, Pfeffer und Zucker abschmecken.

Zum Anrichten das Pulpocarpaccio mit der Aufschnittmaschine in dünne Scheiben schneiden und flach auf Teller legen. Die temperierten Seeteufelscheiben aufsetzen und die Tomatenvinaigrette über den Pulpo und um den Seeteufel ziehen.

Essenz von grünen Bohnen unter der Blätterteighaube

Zutaten

Bohnen: 3 l Gemüsebrühe • 1,5 kg Keniabohnen • 200 g Putenbrust • 80 g Karotten • 80 g Staudensellerie • 100 g Zwiebel • 100 ml Eiweiß • Aromaten • 100 g Bohnenkraut • Salz, Pfeffer • 50 ml roter Portwein

Blätterteighaube: 8 Scheiben Blätterteig • 2 Eigelb • 50 ml Sahne für 8 Personen

Karotten, Sellerie, Zwiebel und Keniabohnen putzen und grob zerkleinern. Die Putenbrust in Würfel schneiden und mit den Gemüsen wolfen. Den Fleisch-Gemüse-Mix zu der kalten Gemüsebrühe geben. Das flüssige Eiweiß ebenfalls unterrühren. Nun die Brühe klären, d. h. langsam aufkochen, bis sich das gesamte Gemüse und das Fleisch als Teppich an der Oberfläche abgesetzt haben. Die Aromaten und das Bohnenkraut zugeben. Bei sehr schwacher Hitze ca. 40 Minuten ziehen lassen, dann sehr vorsichtig durch ein feines Tuch passieren, mit Salz, Pfeffer und dem Portwein abschmecken und erkalten lassen.

Blätterteig 2 mm dick ausrollen, Deckel für die Suppentassen (2 cm vom Rand entfernt) ausstechen. Kalte Essenz nur bis 3 cm unter den Tassenrand einfüllen. Eigelb mit Sahne verquirlen, Teig und Tassenrand damit dick einpinseln. Blätterteigdeckel aufsetzen und nochmals mit dem Eigemisch abstreichen.

Die Tassen auf ein Backblech setzen und im vorgeheizten Backofen bei 200 °C ca. 15 Minuten backen, bis der Dampf in der Tasse den Teigdeckel hochgetrieben hat. Sofort servieren.

Als Einlage für die Essenz eignen sich Gemüseperlen oder -rauten, Bohnenkraut oder Geflügelfleisch.

Lauwarmer Topinambursalat mit gebratener Rotbarbe

Zutaten

6 Rotbarbenfilets • 600 g Topinambur • 2 EL geklärte Butter • 100 ml fruchtiges Olivenöl • 80 ml Estragonessig • 20 ml Sherryessig • 80 g rote Paprikawürfelchen • 4 Blätter Basilikum • Salz und Pfeffer • 30 ml alter Balsamico • 200 ml Maiskeimöl für 6 Personen

Die Topinamburknollen in dünne Scheiben schneiden. Die Hälfte der Scheiben im heißen Maiskeimöl goldbraun ausbacken, die andere Hälfte in Salzwasser blanchieren. Die blanchierten Scheiben in wenig Olivenöl anbraten, Paprikawürfelchen zugeben, mit Estragon- und Sherryessig ablöschen. Die in Streifen geschnittenen Basilikumblätter und die frittierten Topinamburscheiben untermengen, mit Salz, Olivenöl und Pfeffer abschmecken.

Rotbarbe leicht mit Salz und Pfeffer würzen, nur auf der Hautseite in geklärter Butter anbraten.

Topinambursalat erst kurz vor dem Servieren fertig stellen, damit er kross bleibt. Rotbarbenfilet neben den Salat legen, etwas alten Balsamico auf die Teller tropfen.

Geräuchertes Bachsaiblingsfilet auf mariniertem Spargel mit pochierten Wachteleiern und Ossietra-Kaviar

Zutaten

Saiblingsfilet: 2 Saiblinge à 600 g • 40 g Räuchermehl • Aromaten • 1 Zweig Thymian • 8 Stangen weißer Spargel • 8 Stangen grüner Spargel • 10 g grobes Meersalz • 40 ml Estragonessig • 12 Wachteleier • 40 g Ossietra-Kaviar

Vinaigrette: 50 ml Olivenöl • 10 ml Kürbiskernöl • 10 ml Himbeeressig • 30 ml Estragonessig • 1 Messerspitze Senf • 50 ml Geflügelbrühe • 2 EL Gemüsebrunoise • 1 EL Schnittlauchröllchen • Salz und Pfeffer für 4 Personen

Die Saiblinge filetieren und von den Gräten befreien. Die Filets mit dem Räuchermehl, den Aromaten und dem Thymian im Räucherofen bei 140 °C ca. 9 Minuten garen.

Spargelstangen schälen und farblich getrennt in Salzwasser kochen, die weißen ca. 15 Minuten, die grünen nur ca. 6 Minuten. In Eiswasser abschrecken und längs in Scheiben schneiden.

600 ml Wasser erhitzen, Estragonessig und Salz zugeben. Wachteleier aufschlagen, einzeln mit 2 Löffeln in das Essigwassergemisch gleiten lassen und 2 Minuten pochieren. Die Spargelstangenscheiben flechten und auf Teller legen.

Für die Vinaigrette alle Zutaten (außer Brunoise und Schnittlauch) mit dem Stabmixer vermischen, zum Schluss Gemüsewürfelchen und Schnittlauch unterrühren. Den Spargel mit der Vinaigrette marinieren, Saibling und pochierte Wachteleier aufsetzen, mit Kaviar ausgarnieren.

Leicht geräuchertes Kalbsfilet mit geimpftem Ei und Blattpetersilienrisotto

Zutaten

Kalbsfilet: 600 g Kalbsfilet • 50 g Räuchermehl • Aromaten • 4 einzelne Hühnereigelbe • 50 ml 16 Jahre alter Balsamicoessig • 30 g geklärte Butter • Salz und Pfeffer • nach Belieben: Périgord-Trüffel, gehobelt

Risotto: 180 g Risotto-Reis • 30 ml Olivenöl • 2 EL Schalottenwürfel • 1 Zehe Knoblauch, gehackt • 100 ml Weißwein • 1,2 l Geflügelfond • 200 g Blattpetersilienblätter • 20 ml Trüffelöl • 80 g frisch geriebener Parmesan • Salz und Pfeffer

für 4 Personen

Für den Risotto Schalotten und Knoblauch im Olivenöl glasig dünsten, Reis hinzugeben und unter ständigem Umrühren ebenfalls glasig dünsten.
Mit dem Weißwein ablöschen, nach und nach die Geflügelbrühe zugeben. Ca. 20 Minuten leicht köcheln lassen. Petersilienblätter in Salzwasser blanchieren, dann im Mixer pürieren. Wenn der Risotto gegart ist, Trüffelöl, Petersilienpüree, Parmesan, Salz und Pfeffer zugeben.

Das Kalbsfilet in 4 gleich große Stücke teilen, mit Salz und Pfeffer würzen.
In geklärter Butter anbraten, danach mit dem Räuchermehl und den Aromaten ca. 10 Minuten bei 135 °C im Räucherofen garen.

Für die geimpften Eier mit einer Spritze etwas Eigelb entfernen und durch Balsamicoessig ersetzen. Die geimpften Eigelbe auf die Kalbsfilets setzen und nochmals 2 Minuten garen.

Risotto in der Tellermitte anrichten, Kalbsjus saucieren und Kalbsfilet auf dem Risotto platzieren. Eventuell mit etwas gehobeltem Périgord-Trüffel verfeinern.

Espressosabayon mit weißem Schokoladeneis

Zutaten

Sabayon: 350 ml Espresso • 8 Eigelb • 100 g brauner Zucker • 50 ml Kaluha (Kaffeelikör aus Mexiko) • 50 ml Tia Maria (Kaffee-Vanillelikör aus Jamaika)

Weißes Schokoladeneis: 500 ml Sahne • 500 ml Milch • 2 Vanilleschoten, halbiert • 150 g Zucker • 300 g weiße Kuvertüre • 12 Eigelb • 80 ml Grand Marnier (Orangenlikör) für 4 Personen

Für das Sabayon zuerst das Eigelb und dann alle weiteren Zutaten in einem Schlagkessel mit dem Schneebesen schaumig schlagen. Die Espressomasse auf dem Wasserbad zur Rose abziehen.

Für das Eis Sahne, Milch, Zucker und die Vanilleschoten aufkochen und 20 Minuten ziehen lassen. Mark auskratzen und wieder untermischen. Kuvertüre schmelzen, zusammen mit dem Eigelb und dem Grand Marnier zur Milch-Sahne Mischung geben und in einem Schlagkessel ebenfalls zur Rose abziehen. Wenn die Masse erkaltet ist, in der Eismaschine gefrieren lassen.

Zum Anrichten das Eis in Kaffeetassen füllen und das lauwarme Sabayon darüber fließen lassen.

Mousse von Spargel und Safran mit Engelwurzsorbet

Zutaten

Engelwurzsorbet: 300 g Engelwurzstängel • 50 ml Zitronensaft • 400 ml Läuterzucker • 400 ml Weißwein • 100 ml Pernod • 3 Eiweiß • 50 g Glykosesirup

Spargel-Safranmousse: 180 g weiße Schokolade • 50 ml Kirschwasser • 4 g Safran • 80 ml Läuterzucker • 200 g Spargelpüree • 4 Blatt Gelatine • 300 g geschlagene Sahne für 10 Personen

Die Engelwurzstängel in kleine Stücke schneiden. Mit dem Weißwein aufkochen und ca. 30 Minuten ziehen lassen. Den Engelwurzsud mit den restlichen Zutaten, außer dem Eiweiß, vermengen und in der Sorbetière gefrieren lassen. Kurz vor dem Festwerden das steif geschlagene Eiweiß unterheben.

Den Safran mit dem Kirschwasser aufkochen und 20 Minuten ziehen lassen. Die Gelatine in kaltem Wasser einweichen, ausdrücken und im Safran-Kirschwassergemisch auflösen. Spargelpüree und Läuterzucker zugeben.

Die im heißen Wasserbad geschmolzene Schokolade und die geschlagene Sahne langsam unterheben. Die Masse ca. 2 Stunden kühl stellen.

Nocken von der Mousse und vom Sorbet abdrehen, dekorativ auf dem Teller anrichten.

Gerolltes Rinderfilet mit weißem Spargel und Gänsestopflebersauce

Käse hat sich in der feinen Küche längst einen festen Platz gesichert.

Stefan Neugebauers

Käsekunde

Für die ausgewogene Zusammenstellung des Käsebretts im „Schwarzen Hahn“ wählt Stefan Neugebauer aus jeder der acht Gruppen mindestens einen Vertreter und deckt damit alle Geschmacksrichtungen ab.

Die internationale Vielfalt eröffnet fast unbegrenzte Möglichkeiten; die Einteilung in acht „Käsefamilien“ erleichtert die richtige Auswahl:

1. Frischkäse
2. Ziegenkäse
3. Schafkäse
4. Käse mit gepresstem Teig
5. Käse mit nachgewärmtem und gepresstem Teig
6. Weichkäse mit Außenschimmel
7. Weichkäse mit gewaschener Rinde
8. Käse mit Innenschimmel.

Die aufgeführten hochwertigen Käsespezialitäten liefert im optimalen Reifezustand der „Tölzer Kasladen“ im oberbayerischen Bad Tölz. Dort veredelt der Affineur Wolfgang Hofmann in seinen Reiferäumen über 100 verschiedene Käsesorten aus ganz Europa. Was kleine handwerkliche Käsereien wie Bauernhöfe, Schäfer, Sennereien und Kloster- und Dorfkäsereien aus bester Rohmilch erzeugen, reift in Bad Tölz zur höchsten Vollendung heran und erhält von Wolfgang Hofmann mit dem richtigen Know-how und viel Fingerspitzengefühl den letzten Schliff.
Feinschmecker können bei kompetenter und freundlicher Beratung im „Kasladen“ in Bad Tölz oder auf dem Münchner Viktualienmarkt ihre Wahl unter den besten Käsesorten Europas treffen. Durch Kühlversand gelangen Hofmanns unvergleichliche Käse innerhalb weniger Stunden nach der Bestellung zum Kunden nach Hause

Caprini

- Ziegenmilchkäse aus Italien (Como)
- Fettgehalt: 45 % i. Tr.
- Reifezeit: keine
- Geschmack: mild

Der Caprini wird in Rollen von ca. 12 cm Länge angefertigt. Er ist ein Frischkäse und im Geschmack sehr mild. Sein Teig ist weiß und riecht leicht säuerlich. Sein Aroma erinnert an Zitrone und Topfen.

Weinempfehlung So genannte Frühlings- und Sommerweine: Junge Kabinettweine, z. B. Weiß- und Grauburgunder oder Silvaner. Auch ein etwas grasig-frischer Sauvignon Blanc mit leichter Paprikanote oder ein fruchtiger Rosé.

Charolais

- Ziegenmilchkäse aus Frankreich (Burgund)
- Fettgehalt: 45 % i. Tr.
- Reifezeit: 6 Wochen
- Geschmack: mild-aromatisch, nussartig

Der Charolais-Käse kommt von den Granit geprägten Hochflächen der burgundischen Grafschaft Charolais. Der Granit beeinflusst den Geschmack der Milch. Farbe und Konsistenz des Schimmels sind angenehm und hinterlassen einen nachhaltigen Abgang. Der Teig ist blass-weiß.

Weinempfehlung Weiße, auch gern reifere Burgunderweine. Wenn der Käse jung ist, passt auch ein Sauvignon Blanc.

Mothais

- Ziegenmilchkäse aus Frankreich (Hérault)
- Fettgehalt: 45 % i. Tr.
- Reifezeit: 4–5 Wochen
- Geschmack: mittel-kräftig

Der Mothais wird in Kastanienblätter eingeschlagen, das verleiht ihm einen leicht haselnussartigen und torfigen Geschmack. Der weiße Teig ist geschmeidig und ohne Lochung.

Weinempfehlung Nicht zu trockener Gewürztraminer Sekt – auch ein kräftiger, würziger, etwas erdiger Rosé, wie z. B. eine Spätburgunder Weißherbst Spätlese.

Brin d'Amour

- Schafmilchkäse aus Korsika
- Fettgehalt: 45 % i. Tr.
- Reifezeit: 5 Wochen
- Geschmack: mild-kräftig, würzig

Die Rinde des Brin d'Amour besteht aus Mittelmeerkräutern wie Rosmarin, Thymian und Bohnenkraut, vermischt mit Koriandersamen, Wacholderbeeren und kleinen Chilischoten. Jung hat er einen schneeweißen Teig, mit zunehmender Reife wird der Teig dunkler. Frisch schmeckt er eher säuerlich, gereift nussig und nach Kräutern.

Weinempfehlung Säurearmer, cremiger Weißwein mit Würze, z. B. ein guter Müller-Thurgau oder eine Grauburgunder Spätlese.

Isartaler Schafkäse

- Schafmilchkäse aus Bayern
- Fettgehalt: 45 % i. Tr.
- Reifezeit: 5 Wochen
- Geschmack: mild bis mittelkräftig

Der Isartaler Schafkäse wird mit dem Camberti-Schimmel geimpft. Hierdurch bekommt er seine weiße Rinde, die während der Reifung rötlich und dicker wird. Er gehört sicher zu den besten Käsespezialitäten in Deutschland.

Getränkeempfehlung Ordentlich gemalztes Brauhausbier!

Fromage de Brebis des Pyrénées

- Schafmilchkäse aus Frankreich (Pyréenées-Atlantique)
- Fettgehalt: 50 % i. Tr.
- Reifezeit: min. 6 Monate
- Geschmack: mild-kräftig

Der feste und dennoch elastische Teig ist elfenbeinfarben und hat keine Lochung. Der Geschmack ist je nach Reifegrad mildkräftig bis leicht säuerlich.

Weinempfehlung Ein trockener Jurançon oder ein Pacherenc di Vic-Bilh. Allgemein passt ein trockener Weißer mit wenig Säure.

Tomme de Montagne

- Kuhmilchkäse aus Frankreich (Rhône-Alpes)
- Fettgehalt: 40 % i. Tr.
- Reifezeit: 5 Wochen
- Geschmack: mild-aromatisch

Der feste, buttergelbe Teig hat eine goldgelbe, rot und weiß gefleckte Rinde und schmeckt mild aromatisch. Während der Reifezeit wird der Käse gebürstet. Er weist eine sporadische feine Lochung auf.

Weinempfehlung Harmoniert sowohl mit nicht zu gerbstoffbetontem Rotwein – z. B. Pinot Noir aus dem Elsass – als auch mit cremigen, evtl. restsüßen Weißen. Je mehr Säure der Wein hat, desto mehr Süße muss er auch haben.

Taleggio

- Kuhmilchkäse aus Italien (Lombardei)
- Fettgehalt: 48 % i. Tr.
- Reifezeit: 6–8 Wochen
- Geschmack: mild-würzig

Taleggio zählt zu den ältesten Weichkäsen, er wurde bereits im 11. Jahrhundert im gleichnamigen Tal hergestellt und wird überwiegend zu flachen Quadraten von 20 cm Seitenlänge geformt. Er besitzt eine gewaschene, rötlich-orangefarbene Rinde, die mit zunehmendem Alter dicker und etwas wellig wird.

Weinempfehlung Gereifter Riesling „Großes Gewächs" aus der Pfalz. Auch fruchtbetonte Rotweine (kein Barrique) können passen.

Beaufort

- Kuhmilchkäse aus Frankreich (Haute-Savoie)
- Fettgehalt: 50 % i. Tr.
- Reifezeit: 6 Monate bis 2 Jahre
- Geschmack: fruchtig-nussig, mittelkräftig

Typisch für die 40–45 kg schweren Käselaibe ist die am Rand nach innen gewölbte, tiefgelbe Rinde. Der Geschmack ist sehr nussig und nicht zu salzig. Der Teig hat eine feste, elastische Konsistenz und weist wenige kleine Löcher auf.

Weinempfehlung Weiße Burgunder, badische oder pfälzische Grauburgunder. Auch mittelkräftige Rotweine wie Lemberger, Schwarzriesling oder ein guter Portugieser.

Greyerzer (Gruyère)

- Kuhmilchkäse aus der Schweiz (Kanton Fribourg)
- Fettgehalt: 45 % i. Tr.
- Reifezeit: 6–24 Monate
- Geschmack: würzig

Den echten Greyerzer erkennt man am Schriftzug „Switzerland" auf der Rinde. Es handelt sich um große, runde Laibe mit etwas feuchter, später feinkörniger und trockener Schmiere auf der Rinde. Der zarte, gelb-gräuliche Teig ist fest, aber dennoch geschmeidig und weist eine sporadische erbsengroße Lochung auf.

Weinempfehlung Pinot Noir aus der Schweiz oder Gamay, z. B. vom Thuner See oder auch ein weicher, fruchtiger Merlot aus dem Tessin.

Gratte Paille

- Kuhmilchkäse aus Frankreich (Département Seine-et-Marne)
- Fettgehalt: 70 % i. Tr.
- Reifezeit: 4 Wochen
- Geschmack: mild

Der 300–350 g schwere Käse ist von speckiger Konsistenz und hat einen vollen, sahnigen Geschmack. Die Rinde ist mit weißem Schimmel überzogen. Er riecht und schmeckt nach Waldpilzen.

Weinempfehlung Weißer, frischer Burgunder, gern auch mal ein Champagner oder ein anderer guter Schaumwein mit sehr feinperligem Mousseux. Den sehr rahmigen Käse stört weder etwas Säure noch ein wenig Tannin.

Camembert

- Kuhmilchkäse aus Frankreich (Normandie)
- Fettgehalt: 45–50 % i. Tr.
- Reifezeit: ca. 5 Wochen
- Geschmack: mild-kräftig, würzig

Als Erkennungsmerkmal für den besten Camembert dient das A.O.C.-Zeichen (Appellation d'origine contrôlée).
Ein solcher Käse ist mit typischem Weißschimmel und einer leicht rötlich-braunen Käseflora bedeckt. Der strohfarbene Teig sollte gleichmäßig durchgereift sein, frisch und würzig nach Pilzen riechen. Der Geschmack ist angenehm geschmeidig und fruchtig.

Weinempfehlung Fruchtiger Roter Burgunder, super passt auch ein Bauern-Cidre!

Reblochon

- Kuhmilchkäse aus Frankreich (Haute-Savoie)
- Fettgehalt: min. 45 % i. Tr.
- Reifezeit: 5 Wochen
- Geschmack: mild-würzig

Die flachen Laibe von 500 g haben eine blassrosa-safrangelbe Rinde, die während der Reifung mit Molke abgestrichen wird. Der Teig weist im jungen Alter eine kleine Lochung auf und ist noch schnittfest, im vollreifen Zustand jedoch fast zerfließend. Er hat ein kräftiges Aroma, schmeckt mild und fruchtig-würzig. *Weinempfehlung* Ein sehr vielseitiger Käse, der je nach Reifegrad nach einem fruchtigen oder würzigen Wein verlangt. Verträgt auch einiges Tannin.

Livarot

- Kuhmilchkäse aus Frankreich (Normandie)
- Fettgehalt: 40 – 45 % i. Tr.
- Reifezeit: 9 Wochen
- Geschmack: sehr kräftig

Livarot ist einer der aromatischsten Käse Frankreichs. Er hat eine glänzende, orangerote Rinde, die während der Reifezeit mit Salzwasser abgerieben wird. Der goldgelbe Teig ist weich und geschmeidig und weist kleine Lochungen auf. Der Geschmack ist intensiv und sehr pikant. *Weinempfehlung* Kräftiger Gewürztraminer von der Spätlese an aufwärts, aus dem Elsass oder aus der Pfalz. Wie der Camembert harmoniert auch der Livarot sehr gut mit einem nicht zu trockenen Apfelcidre.

Stilton

- Kuhmilchkäse aus Mittelengland
- Fettgehalt: 50 – 55 % i. Tr.
- Reifezeit: 8 Monate
- Geschmack: kräftig

Der zylindrisch geformte Käse hat eine dicke, runzlig-feste Rinde von graubrauner Farbe und ist stellenweise von weißlichem Schimmel überzogen. Beim jungen Käse ist der Teig noch leicht bröcklig, im Alter wird er weicher. Seine Färbung reicht von elfenbeinfarben bis zum Beigeton. Mit zunehmender Reife färbt sich das Pilzgeflecht leuchtend blaugrün. Der Stilton hat ein nussartiges Aroma und schmeckt angenehm fruchtig und würzig nach Nüssen. *Weinempfehlung* Klassisch kombiniert man ihn mit Portwein – er schmeckt auch vorzüglich mit einer Botrytis geprägten deutschen Beeren- oder Trockenbeerenauslese.

Valdeon

- Kuhmilchkäse aus Spanien (León)
- Fettgehalt: 45 % i. Tr.
- Reifezeit: 3 – 6 Monate
- Geschmack: nach Pilzen

Der Valdeon wird in Platanenblätter verpackt. Er ist ein sehr kräftiger Käse mit vielen blaugrünlichen Schimmelnestern und besticht durch seinen kräftigen Geruch und Geschmack nach Pilzen. *Weinempfehlung* Älterer Colheita Port (vor der Flaschenfüllung 7 – 8 Jahre Fasslagerung, lohfarben) mit dem Aroma von Rosinen und Trockenfrüchten, süßer Sherry aus der Pedro Ximénez-Traube oder ältere, edelsüße Rieslinge – Beeren- und Trockenbeerenauslesen – mit leichtem „Petrolton".

Der Sommer

Ichthyophilentreffen bei Firma Saumer. Wir Fischliebhaber wissen natürlich, dass Fisch dreimal schwimmen muss: im Wasser, im würzigen Sud und im passenden Wein.

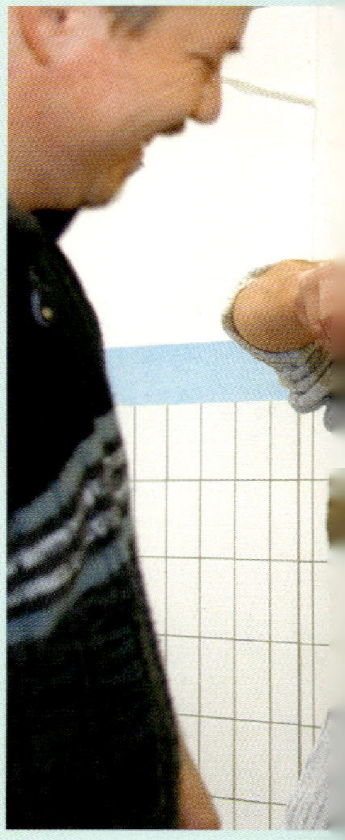

HOEVE
Saiblinge

Sommer-Kochkurs

Tipp

Für einen geschmeidigen Nudelteig müssen alle Zutaten gut verknetet sein und der Teig muss min. 2 h ruhen.

Tipp

Um Vitamine und Farbe zu erhalten, sollten bei der Verarbeitung von Obst und Gemüse die Garzeiten möglichst kurz bleiben.

Woran macht man den Beginn des Sommers fest? Klar, am Kalender! Häufig aber können in unserer klimatisch begünstigten Region schon im Mai die Tagestemperaturen sommerliche Werte erreichen und an lauen Abenden verlagert sich das Leben ins Freie. Der Pfälzer Wald und das Haardtgebirge halten kalte Winde ab. Darüber hinaus erwärmt sich die meist von Westen kommende Luft beim Abfallen in die Rheinebene noch zusätzlich um 1-2 willkommene Wärmegrade. Was den Wein anbelangt, ist es die Rebblüte im Juni mit ihrem süßen Duft, die den Sommer des Weinjahres eröffnet.

Das Weinjahr Sommer

Ein paar „Langgärer" unter den Weinen des letzten Jahres tuscheln noch im Tank leise mit dem verbliebenen Restzucker. Die meisten Weine aber sind jetzt schon abgefüllt und stehen zur Verkostung beim Winzer oder auf Weinpräsentationen, bei Weintagen und -festen bereit.

Womit wir beim Thema Weinfeste wären: Dass Pfälzer viel und gerne feiern, ist hinlänglich bekannt. Aber nicht einmal der Umtriebigste unter ihnen hätte eine Chance, mehr als einen Bruchteil der Festivitäten rund um den Wein zu besuchen – muss er auch nicht, schließlich gilt auch hier Qualität vor Quantität und der Sommer ist lang.

Die Sommer-Weinfestsaison hat für viele ihren Höhepunkt in der Deidesheimer Weinkerwe am zweiten Augustwochenende und endet mit dem berühmten Bad Dürkheimer Wurstmarkt im September, der zu den Herbstfesten überleitet. Abgesehen von den häufig sehr turbulenten Veranstaltungen, auf denen vornehmlich der Pfälzer „Schoppen" regiert, sind es vor allem lauschige Winzergärten, Weinlauben und romantische Höfe und Plätze, auf denen man sich bei einem Glas oder einer Flasche Wein des warmen Wetters erfreut.

Über Tag, wenn im Rheingraben häufig drückende Schwüle herrscht, werden die leichteren sogenannten Sommerweine bevorzugt: fruchtige Weißburgunder oder knackige und etwas säurebetontere Rieslinge der Prädikatsstufe Kabinett, die meistens die geringsten Alkoholwerte aufweisen. Viele trinken sie auch gerne mit Mineralwasser gemischt als „Schorle“, denn der Durst ist manchmal sehr groß und der Führerschein immer sehr teuer! Die sommerlichen Gerichte, die tagsüber meist leicht ausfallen werden, beinhalten häufig viel Salat und Gemüse, dafür wenig und eher helles Fleisch und Geflügel oder Fisch und Meeresfrüchte. Dazu passen diese leichteren Weine prima.

Typische „Terrassenweine“ sind auch die frisch-fruchtigen Rosés, die sich mit dem vielseitigsten aller Sommergemüse, der Tomate, in zahllosen Zubereitungen toll kombinieren lassen.

Wenn der Abend kommt, die Hitze etwas nachzulassen beginnt und die Luft schwer ist von sommerlichen Düften, dürfen die Weine etwas kräftiger werden. Die Sommerabende sind lang und man genießt sie gerne mit ausgedehnteren Mahlzeiten oder Grillfesten. Wie wäre es als Ouvertüre des Abends mit einem Glas Winzersekt oder -secco, dem im Vergleich zu Sekt etwas gefälligeren und preiswerteren – keine Sektsteuer! – deutschen Pendant zum italienischen Sommerklassiker.

Als Essensbegleiter zu Fisch, Gemüse und Salaten, wenn die Säure des Rieslings zum Dressing als zu streng empfunden wird, eignen sich besonders die weißen Burgunderweine und Chardonnays mit mehr vegetabilen Aromen. Zu Grillgerichten passen hervorragend weiße Barriqueweine.

Auch die hiesigen Rotweine sollten hier eigentlich nicht unerwähnt bleiben – aber dazu mehr in den späteren Kapiteln! Klassische Essensbegleiter bei den Rieslingen sind die trockenen Spätlesen, deren Säure weicher ist als die der früher gelesenen Kabinette und Qualitätsweine b. A. und die durch ein wenig Schmelz von Alkohol und Extrakt gut „abgepuffert“ wird.

Einige der besten Weine dieser Kategorie, so genannte „Große Gewächse“ des aktuellen Jahrgangs, erscheinen ab September und leiten jetzt, da schon die ersten frühreifen Rebsorten gelesen werden und der erste „Neue“ in den Kellern gluckert, in den Weinherbst über.

Fünferlei
Sommer
Amuse-Bouche

Gebackene Hummerpraline

Eine Fischfarce mit gehacktem Basilikum, kleinen Hummerstückchen, Zitronenpfeffer und etwas Hummersauce vermengen. In Kataifiteig einrollen und in Maiskeimöl bei 180 °C ca. 3 Minuten ausbacken.

Lammzungenragout im Blätterteig

Lammzungen in Lammfond mit Knoblauch und Thymian weich kochen. Oliven und getrocknete Tomaten klein würfeln. Lammzungen häuten und ebenfalls in kleine Würfel schneiden. Alles zusammen in etwas Olivenöl anschwitzen, mit Sherry ablöschen und mit Lammjus aufgießen. Kleine Blätterteigpastetchen ausstechen und im Ofen ausbacken. Das Lammzungenragout einfüllen.

Saltimbocca vom Loup de mer mit grünen Tomaten

Loup de mer in kleine Stücke schneiden. Die Haut mit dem Messer leicht lösen, Salbeiblatt einlegen, Saltimbocca in einen Streifen Parmaschinken einrollen. In heißer geklärter Butter auf der Hautseite anbraten.
Grüne Tomaten achteln und in etwas Olivenöl anschwitzen. Zwiebelwürfel, etwas Knoblauch, braunen Zucker und Thymian zugeben und 5 Minuten köcheln lassen. Zum Abkühlen auf ein Blech legen.

Jakobsmuschelcarpaccio mit Schwarzkümmel

Jakobsmuscheln in dünne Scheiben schneiden und auf ein Blech setzen. Die Scheiben mit etwas geriebenem Schwarzkümmel, Sesamöl und Bananensaft ca. 20 Minuten marinieren. Auf einen Teller umsetzen und mit Maldon-Salz würzen.

Gebratene Stopfleber mit Balsamico-Erdbeere

Balsamico mit Aromaten und Knoblauchzehe aufkochen. Gewaschene Erdbeeren einlegen und ca. 1 Stunde ziehen lassen. Herausnehmen, Zucker zugeben und reduzieren lassen. Einen Zweig Thymian zugeben, Erdbeeren einlegen und in einem Schraubglas einen Tag ziehen lassen. Gänsestopfleber in kleine Scheiben schneiden. Mit Quatre Épices würzen und ohne Fett in einer heißen Pfanne ausbraten. Erdbeeren lauwarm auf die Leber geben.

Froschschenkel und Pulpo mit Mango-Chili-Vinaigrette

Zutaten

Vinaigrette: 1 Mango • 1 kleine rote Chili-Schote • 150 ml Mangopüree • 30 ml Orangensaft • 50 ml Aprikosensaft • 20 ml Zitronensaft • 30 ml Safranessig • 20 ml Estragonessig • 90 ml Olivenöl (herb) • Salz und Pfeffer

Froschschenkel und Pulpo: 24 Froschschenkel • 2 EL geklärte Butter • 1 EL Knoblauchöl • 1 TL Rosmarin, gehackt • 30 g Butter • 500 g Pulpo • 500 ml Rotwein • 1 Zwiebel, gewürfelt • 1 Karotte, gewürfelt • Aromaten für 6 Personen

Für die Vinaigrette Mango schälen, das Fruchtfleisch vom Kern lösen und in kleine Würfel schneiden. Anschließend Chili-Schote hacken. Die restlichen Zutaten mit dem Mixstab vermengen. Zum Schluss Chilli und Mangowürfel zugeben. Mit Salz und Pfeffer abschmecken.

Den Rotwein mit Aromaten, Zwiebel und Karotte aufkochen. Pulpo einlegen, ca. 2 Stunden leicht sieden lassen, die Greifarme vom Kopf abschneiden.

Die Froschschenkel putzen und in geklärter Butter anbraten. Butter, Rosmarin, Knoblauch, Zwiebel- und Karottenwürfel zugeben und ca. 10 Minuten in der Pfanne schwenken.

Die gekochten Pulpoarme in Stücke schneiden und zusammen mit einer Salatgarnitur und den gebratenen Froschschenkeln auf dem Teller anrichten, Vinaigrette angießen.

Mousse von Bachkrebsen im Safrangeleemantel

Zutaten

Bachkrebsmousse: 500 ml kräftige Bachkrebssauce • 300 g geschlagene Sahne • 4 Blatt Gelatine • 1 Msp. Sternanis, gemahlen • 30 ml Pernod • Salz, Muskat und Zitronensaft • 8 Bachkrebse à 80 g

Vinaigrette: 20 g Estragon • 10 ml Estragonessig • 15 ml Rotweinessig • 100 ml Fischfond • 50 ml Olivenöl

Safrangelee: 300 ml Fischfond • 5 Blatt Gelatine • 30 ml Pernod • 4 g Safranfäden • Meersalz für 8 Personen

Die Bachkrebssauce leicht erwärmen und die eingeweichten und ausgedrückten Gelatineblätter darin auflösen. Die Sauce auf Eiswasser kalt rühren, bis sie zu gelieren beginnt. Nun die geschlagene Sahne unterheben und mit den Gewürzen und dem Pernod sowie dem Zitronensaft abschmecken.

Für den Safrangeleemantel den Fischfond aufkochen. Pernod und Safran zugeben, anschließend 20 Minuten ziehen lassen. Die Gelatine einweichen, ausdrücken und zum passierten Safranfond geben. Ein Blech mit Folie auslegen und das Gelee aufgießen. Wenn das Gelee erkaltet ist, mit der Folie in eine Terrinenform einlegen. Mousse einfüllen, das überstehende Gelee abschneiden. Dieses erwärmen und als oberste Schicht auf die Mousse geben. Die Form etwa 2 Stunden kühlen. Mousse aus der Form stürzen und in dünne Scheiben schneiden.

Bachkrebse in Salzwasser ca. 3 Minuten kochen, danach ausbrechen.

Estragon hacken und mit den restlichen Zutaten zu einer Vinaigrette vermengen.

Mousse in die Mitte des Tellers setzen, Bachkrebse anlegen und mit der Vinaigrette nappieren.

Rahmsüppchen von Zucchini und Gorgonzola mit gebackenem Birnensäckchen

Zutaten

Rahmsüppchen: 5 kleine grüne Zucchini • 100 g Zwiebel • 100 g Karotte • 50 g Staudensellerie • 3 EL geklärte Butter • 100 ml trockener Riesling • 400 ml Gemüsefond • 400 ml Sahne • 150 g Butter • 300 g Gorgonzola • Salz, Pfeffer, Zitrone und Cayennepfeffer

Birnensäckchen: 2 Birnen • 50 g Rosinen • 20 g Mandelstifte • 2 Blätter Filoteig für 6 Personen

Zucchini, Zwiebel, Karotte und Staudensellerie würfeln und in geklärter Butter anbraten. Mit dem Riesling ablöschen und etwas einkochen lassen, Gemüsefond, Sahne, Gorgonzola und Butter zugeben. Mit dem Mixstab pürieren und die Suppe durch ein feines Sieb streichen. Mit Salz, Pfeffer, Zitrone und Cayennepfeffer abschmecken.

Birnen schälen, entkernen und in kleine Würfel schneiden. Mit den Rosinen und den Mandeln vermengen. Die Masse auf dem Filoteig verteilen und sechs Säckchen formen. Im Ofen 15 Minuten bei 160 °C backen.

Suppe im Teller anrichten, Birnensäckchen aufsetzen.

Ravioli vom Saint Pierre mit Karottenschaum und Brandade-Püree

Zutaten

Ravioli: 500 g St. Pierre Filet • 100 g getrocknete Tomaten • 20 g Thymian • 350 g Nudelteig • 2 Eigelb

Karottenschaum: 5 große Karotten • 30 g frischer Koriander • 10 g Honig • Salz

Karottenschaum: 400 g Kabeljaufilet • 100 ml Noilly Prat • 80 ml Pernod • 2 Knoblauchzehen • 2 Zwiebeln • 150 ml Olivenöl • 250 g Kartoffelpüree • Salz und Zitrone

für 8 Personen

Das Fischfilet in 8 gleiche Stücke portionieren. Getrocknete Tomaten in Würfel schneiden. Den ausgerollten Nudelteig mit Eigelb bestreichen, St. Pierre aufsetzen, Tomaten und gehackten Thymian auf dem Fisch verteilen. Eine zweite Nudelplatte auflegen und acht Ravioli ausschneiden. In kochendem Salzwasser ca. 8 Minuten garen.

Die Karotten entsaften, den Saft mit Honig und Koriander aufmixen. Passieren, mit Salz abschmecken und den Karotten-Koriander-Saft mit einem Pürierstab nochmals schaumig aufmixen.

Den Kabeljau im Olivenöl anschwitzen. Zwiebeln und Knoblauch in feine Stücke schneiden und zugeben. Mit Noilly Prat und Pernod ablöschen, leicht einkochen lassen. Kartoffelpüree zugeben und mit dem Pürierstab fein mixen. Das Püree mit Salz und Zitrone abschmecken.

Karottenschaum auf dem Teller anrichten, vom Püree eine Nocke abstechen und aufsetzen, Fischravioli anlegen.

Gespickter Loup de mer auf Tomatenconfit mit gebackenen Sardellen und Kapernbeeren

Zutaten

800 g Loup de mer Filet • 10 Tomaten • 30 ml Olivenöl • 10 Basilikumblätter • 20 g Pinienkerne • 8 eingelegte Sardellenfilets • 8 Kapernbeeren • 2 Scheiben Parmaschinken • 100 g Tempuramehl • 100 ml kaltes Wasser • 400 ml Fischsauce • Meersalz, Pfeffer • Frittieröl

für 8 Personen

Den Loup de mer in 8 gleiche Stücke teilen. Die Haut so einschneiden, dass eine Schlaufe entsteht, durch diese den in Streifen geschnittenen Parmaschinken ziehen. Den Fisch würzen und langsam auf der Haut anbraten, kurz vor dem Ende der Garzeit auf die Fleischseite drehen (Garzeit ca. 4 Minuten).

Die Tomaten blanchieren und in Eiswasser abschrecken. Die Haut abziehen, die Filets herausschneiden und fein würfeln. Aus den Resten ein Tomatenconfit kochen, es sollte eine dickliche Konsistenz haben und etwas süßlich schmecken.

Pinienkerne in einer Pfanne ohne Fett anrösten. Basilikumblätter in Streifen schneiden und mit den Tomatenwürfeln und den Pinienkernen zum Confit geben. Olivenöl unterrühren.

Das Tempuramehl mit dem Wasser vermengen, mit Meersalz und Pfeffer abschmecken. Kapern und Sardellenfilets durch den Teig ziehen und im heißen Öl schwimmend ausbacken.

Tomatenconfit auf den Teller geben, den Fisch aufsetzen. Kapern und Sardellen anlegen und etwas Fischsauce herum saucieren.

Ziegenfrischkäse im Speckmantel mit gelierten Balsamico-Spaghetti

Zutaten

600 g Ziegenfrischkäse • 80 g Weißbrot, gerieben • 2 EL gehackte Kräuter (Rosmarin, Thymian, Blattpetersilie) • 40 g Butter • 6 Scheiben Speck • 100 ml alter Balsamico • 2 Blatt Gelatine für 6 Personen

Ziegenfrischkäse in 6 gleiche Stücke teilen und mit den Speckscheiben umwickeln. Die gehackten Kräuter unter das geriebene Weißbrot mischen und auf den Käsestücken verteilen. Butterflocken aufsetzen, im Ofen ca. 8 Minuten gratinieren.

Den Balsamico leicht erwärmen. Die eingeweichte und ausgedrückte Gelatine zugeben, die Flüssigkeit auf ein Blech gießen und ca. 1 Stunde auskühlen lassen.

Das Gelee in feine, lange Streifen schneiden und zusammen mit dem gratinierten Ziegenfrischkäse auf dem Teller dekorativ anrichten.

Kombination von Himbeeren und Tomate mit Olivenöleis

Zutaten

6 Strauchtomaten • 800 g Himbeeren • 200 g Puderzucker

Sud: 300 ml Läuterzucker • 1 Stange Zimt • 1 Vanilleschote • 10 g rosa Pfeffer • 1 Zweig Thymian

Olivenöleis: 2 Vanilleschoten • 300 ml Sahne • 400 ml Milch • 9 Eigelb • 180 g Zucker • Abrieb von 2 Orangen • 170 ml Olivenöl für 6 Personen

Die Strauchtomaten blanchieren, abschrecken und häuten. Auf der Strunkseite aufschneiden, aushöhlen und mit Himbeeren füllen.

Restliche Himbeeren mit dem Puderzucker pürieren und durch ein feines Sieb streichen.

Für den Sud alle Zutaten aufkochen und 30 Minuten ziehen lassen.

Für das Olivenöleis Sahne, Milch, und halbierte Vanillestangen aufkochen, ebenfalls 30 Minuten ziehen lassen. Vanilleschoten auskratzen, das Mark wieder zugeben und zusammen mit der Masse und den Eigelben zur Rose abziehen. Olivenöl und Orangenabrieb zugeben und in der Eismaschine gefrieren lassen.

Die gefüllten Tomaten in dem lauwarmen Sud ca. 5 Minuten ziehen lassen. Tomaten mit der Himbeersauce in einem tiefen Teller anrichten. Eiskugeln abdrehen, auf die Himbeersauce setzen und noch einen Tropfen Olivenöl auf das Eis geben.

Geeistes Süppchen von der Charentais-Melone mit Walnusseis

Zutaten

Süppchen: 3 Charentais-Melonen • 120 ml Läuterzucker • 100 ml weißer Portwein • 60 ml Walnussöl • 6 Blatt Pfefferminze

Walnusseis: 400 ml Sahne • 400 ml Milch • 1 Vanilleschote • 9 Eigelb • 180 g Zucker • 100 g Walnussgrieß • 150 g ganze Walnüsse für 6 Personen

Melonen halbieren, das Fruchtfleisch herauslösen und zusammen mit Läuterzucker, Portwein und Walnussöl mixen. Die Suppe durch ein Sieb geben und die in Streifen geschnittene Minze unterrühren.

Für das Eis die Vanilleschote halbieren, das Mark auskratzen und mit Sahne, Milch, Zucker und Walnussgrieß aufkochen. Etwa 30 Minuten ziehen lassen.

Die Walnussmasse mit dem Eigelb zur Rose abziehen. Die Walnüsse in gezuckertem Wasser blanchieren. Die Haut abziehen, die Nüsse fein hacken, unter die Walnussmasse mischen und in der Eismaschine gefrieren lassen.

Mit der Melonensuppe in einem tiefen Teller oder – noch dekorativer – direkt in einer Fruchthälfte anrichten.

Trilogie von Gemüse-sorbets

Kräuter in der Küche

Kräuter und Gewürze sind aus der modernen Küche nicht mehr wegzudenken. Sie ergänzen die Speisen mit Vitaminen und Mineralstoffen, ihre Düfte, Farben und Geschmacksstoffe wecken das sinnliche Vergnügen am Essen, sie sind also geradezu geschaffen für kulinarische Partnerschaften.

Estragon

Von Frankreich aus trat das vermutlich aus China stammende Gewürzkraut mit den schmalen spitzen Blättern seinen Siegeszug durch Europas Feinschmeckerküchen an. Estragon schmeckt frisch am besten, sein intensives Aroma entfaltet er erst beim Kochen. Zum sanften aber delikaten Würzen verwendet man die Blättchen roh. Estragon verfeinert Saucen, Salate und Gemüse, Kalbs- und Lammbraten, Geflügel, Eier- und Fischgerichte.

Ohne Estragon gibt es keine (richtige) Sauce Béarnaise, er ist ein „Muss" in der Vinaigrette. Viele Spezialrezepte der feinen Küche sind ohne das feinwürzige, nach Waldmeister und Anis duftende Kraut nicht mehr denkbar.

Ein guter Koch weiß Kräuter so einzusetzen, dass sie nicht dominieren, sondern Geschmack und Aroma der übrigen Zutaten bereichern und vollendet zur Geltung bringen. Die Qualität der Kräuter, die richtige Menge, der Zeitpunkt des Einsatzes und vor allem die Wahl der richtigen Sorte entscheiden über das Gelingen eines Gerichtes.

Stefan Neugebauer stellt in seinem kleinen Kräuterlexikon weniger bekannte Kräuter vor, die zum Teil – zu Unrecht – in Vergessenheit geraten sind oder bei manchem Hobbygärtner sogar als Unkraut gelten und gibt Tipps zu ihrer Verwendung. Man sollte sich nicht scheuen, bei dem einen oder anderen Gericht Bekanntes auch mal durch Ungewöhnliches zu ersetzen und beim Kräuterhändler, im Feinkostladen oder auf Bauernmärkten danach zu suchen.

Die hier von Stefan Neugebauer beschrieben Kräuter wachsen an der vorpommerschen Ostseeküste. In einer Gärtnerei auf einem alten Gutshof südlich von Stralsund kultivieren die Kräutergärtner Olaf Schnelle und Ralf Hiener nach Bio-Richtlinien und dem Motto „Essbare Landschaften" über 80 verschiedene Kräuter, Gemüse und Salate. Frisch gepflückt und küchenfertig verschickt, bereichern die Spezialitäten von Gut Boltenhagen die Speisekarte im „Schwarzen Hahn".

Kapuzinerkresse

Kapuzinerkresse wächst und blüht als einjährige Pflanze den ganzen Sommer über. Essbar sind die jungen Blätter, die Knospen, Blüten und die grünen Früchte. Blätter und Blüten schmecken leicht pfeffrig und etwas süßlich. Gehackte und fein geschnittene Blätter würzen Salate, Saucen, Eier- und Kartoffelgerichte, Frischkäse und Quark und schmecken pur auf Butterbrot. Die Blüten schmücken Salate, Süßspeisen und Getränke. Die Blütenknospen und die grünen unreifen Früchte werden wie Kapern eingelegt.

Weiße Taubnessel

Im Aussehen ähnelt die Taubnessel stark ihrer aggressiven „Schwester", der Brennnessel. Sie wächst üppig an Wegrändern, Gartenzäunen und Hecken. Die bis zu 2,5 cm langen weißen Blüten sind eine hübsche Dekoration für alle Arten von Tellergerichten. Ihr Haupteinsatzgebiet ist allerdings – getrocknet und zu Tee aufbereitet – die Frauenheilkunde.

Giersch (Geißfuß)

Der eigentlich als Gartenunkraut gefürchtete Giersch ist eines der ältesten und bekanntesten Wildgemüse. Gierschblätter sollten frisch gepflückt sein. Zerrieben schmecken sie angenehm würzig nach Sellerie und Petersilie und ein wenig herb. Kurz gedünstet lassen sie sich allein oder mit anderen Blattpflanzen verwenden, roh und fein geschnitten sind sie eine echte Alternative zur Petersilie.

Goldmelisse

Goldmelisse wird hauptsächlich in Teemischungen verwendet, auch als Aromatikum für Erfrischungsgetränke ist sie beliebt. Die Blätter würzen Suppen, Saucen, Gemüse und Salate. Die farbintensiven Blüten eignen sich besonders zur Dekoration von Desserts mit weißer Schokolade.

Süßdolde

Die als Küchenkraut zu Unrecht ein wenig in Vergessenheit geratene Pflanze schmeckt süßlich und duftet etwas nach Anis und Liebstöckel. Verwendet werden die Samen, Blätter und Wurzeln. Die gehackten Blätter würzen Suppen, Saucen, Salate, Omeletts und Kohlgerichte. Gehackte unreife Samen gibt man über Obstsalate und in Cremespeisen. Ganze reife Samen verwendet man wie Gewürznelken. Die Wurzeln können gekocht und warm als Gemüse gegessen werden.

Vogelmiere

Vogelmiere wuchert üppig in Gärten und Wäldern, auf feuchten Wiesen und an Wegböschungen und ist fast das ganze Jahr über zu pflücken. Vogelmiere gehört zu den zartesten und feinsten aller Wildkräuter und ist in der Küche ein Allroundtalent. Vogelmiere ist ein wunderbares Salatkraut, kann zu Pesto verarbeitet werden, schmeckt in Quark, Butter und Majonäse, verfeinert Kräutersuppen, Gemüse oder Fischterrinen und Dips. Die frisch gepflückten Stängelchen kann man mit den Blüten essen, roh oder kurz erhitzt.

Gewürztagetes

Das würzige und etwas fruchtige Aroma der Gewürztagetes macht sie zur nahezu idealen Zutat zu Salatdressings, Gemüsepfannen und Kräuteressigen. Die gelb bis orangefarbenen Blüten sind eine ebenso hübsche wie würzige Dekoration für Salate, Suppen und vielerlei kalte und warme Speisen.

Kleiner Wiesenknopf

Die gefiederten Blätter der anspruchslosen Pflanze pflückt man frisch als Beilage zu Salaten, Obstsalaten, Kräuterbutter und Weichkäsen. Gehackt gibt man die Blätter unmittelbar vor dem Servieren an Suppen, Saucen und Fischgerichte.

Salbei

Die Gattung Salbei umfasst an die 500 Arten, wovon mehrere auch bei uns wachsen. Sie unterscheiden sich im Aussehen und vor allem in Geruch und Geschmack, was von der Menge und Zusammensetzung des ätherischen Öls in den Blättern abhängt.

Der aus dem Süden stammende immergrüne Halbstrauch ist ein Sommerkraut, das Wärme und Sonne braucht, wenn es so intensiv duften und schmecken soll wie in den Mittelmeerländern. Frischer Salbei entwickelt sein volles Aroma beim Braten in Fett und beim Mitkochen. Er passt zu allen mediterranen Gerichten, zu Hackfleisch und Leber und würzt Hülsenfrüchte. Eine der bekanntesten Spezialitäten der italienischen Küche – die Saltimbocca – erhält ihren besonderen Geschmack von einem frischen Salbeiblatt, das zwischen Fleisch und Schinken mitgebraten wird.

Als Küchenkraut finden hauptsächlich der ***Gelbe Salbei*** (Bild oben) und der ***Purpursalbei*** (Bild unten) Verwendung, wobei sich die Blüten des Purpursalbei ihrer intensiven Farbe wegen besonders zur Dekoration eignen.

Radieschenfrüchte

Die Samenkapseln des Radieschens sehen aus wie Brechbohnen. Knospen und Samen sind knackig und saftig und schmecken pikantscharf nach Radieschen.

Franzosenkraut (Knopfkraut)

Die Franzosen kamen zu Unrecht in den Verruf, das sich in Gemüsebeeten extrem vermehrende Wildkraut während der Napoleonischen Kriege in Deutschland eingeschleppt zu haben. Zum Ernten kneift man jeweils die oberen vier Blätter ab. Sie werden zu wohl schmeckendem Salat verarbeitet, zu Gemüse und als Zusatz zu anderen Wildgemüsegerichten. Die schönen kleinen Blüten dienen als Dekoration.

Im Herbst

Grundlage für ein perfektes Essen sind marktfrische Produkte und gute Laune.

Die Wellness-Abteilung der Pfälzer Markthalle: Eine Tasse Kaffee zwischen Kartoffeln und Zwiebeln – scheint, als wäre der Einkauf gelungen.

Herbst-Kochkurs

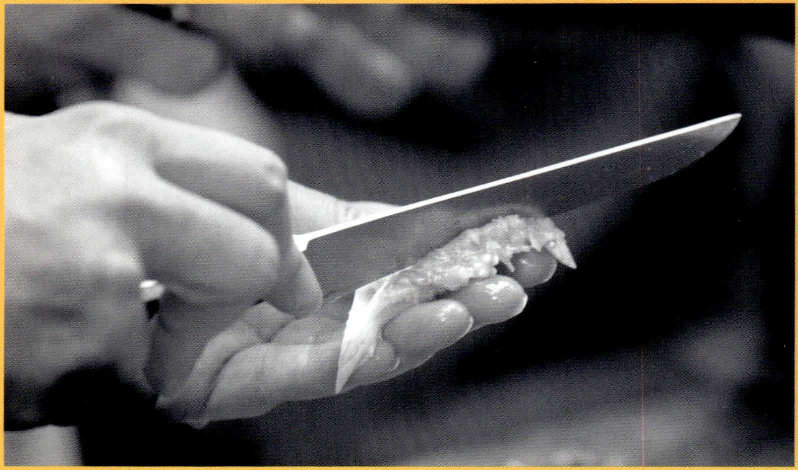

Tipp

Es gibt drei Arten von Messern: stumpfe, scharfe und zu scharfe

Tipp

Bei der Verarbeitung von Krustentieren sollte man immer daran denken den Darm, der sich am Rücken des Schwanzes befindet, zu entfernen.

Tipp

Zum Enthäuten das Fischfilet am Rand des Arbeitsbrettes platzieren und mit leichtem Druck entlang der Fischhaut schneiden.

Das Weinjahr

Herbst

Der Herbst ist in der Pfalz wohl die schönste Jahreszeit. Viele Besucher sind der gleichen Ansicht, weshalb Gästezimmer jetzt rar sind und Gastronomen und Hoteliers einem noch öfter als sonst mit zufriedenem Gesichtsausdruck begegnen.

Wie zufrieden das Gesicht der Winzer sein wird, entscheidet sich in diesen Tagen. Viel mehr als die Wärme des Sommers ist das Wetter im Herbst entscheidend für die Qualität des Jahrgangs. Der sogenannte „goldene Oktober" lockt also nicht nur scharenweise Gäste in die Pfalz, sondern vor allem die entscheidenden Grade „Öchsle" aus der Traube.

Aber zuerst einmal beginnt der Herbst mit der Lese der früh reifenden Rebsorten Ortega, Ehrenfelser, Bacchus, Faberrebe, Huxelrebe usw., die fast ausschließlich in die Produktion des „neuen Weines", insbesondere des „neuen Süßen" fließen. Kenner warten die ersten Wochen ab, bis der Müller-Thurgau so weit ist und widmen sich dann dem etwas fortgeschritteneren Stadium des Neuen, dem „Bitzler" oder dem „Federweißen". Jetzt sind auch die Kastanien – in der Pfalz „Keschde" genannt – reif. Zusammen mit dem Wein wurden sie von den Römern in der Pfalz heimisch gemacht und bewachsen heute ganze Hänge des Haardtgebirges. Puristen schätzen sie unverfälscht mit etwas Zucker und Salz in wenig Wasser gekocht oder im Ofen geröstet.

Dazu genießt man einen „Neuen", einen restsüßen oder edelsüßen Wein, letzteren gerne auch gereift mit Aromen von Karamell, Trockenfrüchten, vielleicht Quitte, Orangenschale oder, wenn von edelfaulen Trauben, mit zartem Honigton. Auch trockene Weine aus Bukett-Sorten wie Gewürztraminer und Muskateller eignen sich sehr gut. Beliebt ist die Kastanie auch als Suppe, als Beilage zu Wildgerichten, im Rotkohl etwa und als „Keschdegemies" (Kastaniengemüse).

Der Herbst ist generell die Zeit kräftiger Gerichte – man schwelgt in Aromen. Fast die gesamte Palette der Sommergemüse steht im Frühherbst noch zur Verfügung, ergänzt durch Kohlsorten, Wurzelgemüse und natürlich den Kürbis, der dabei ist, sich zu einem Kultgemüse zu entwickeln, sozusagen der „Shooting Star" der Gemüseszene.

Spätestens jetzt ist es Zeit zu schauen, was aus Weinen werden kann, wenn die Trauben bei optimaler Reife gelesen wurden. Reife Rieslinge, trockene Spät- und Auslesen, „Große Gewächse" auch vom Weißburgunder, Grauburgunder mit kräftiger Struktur und dennoch komplex und erstaunlich frisch, wenn ihnen eine lange Lagerung auf der Hefe vergönnt war. Nicht zu vergessen der Chardonnay, hervorragend geeignet für den Ausbau im ca. 220 Liter fassenden Eichenholzfass – dem ominösen „Barrique", nicht „overoaked" aber dennoch zartröstig mit aparter Kokos-Vanillenote und crisper Zitrusfrucht. Die überwiegende Zahl der Preise für weiße Burgunderweine der letzten Jahre ging übrigens an Pfälzer Winzer!

Ein Chardonnay aus optimal reifem Lesegut im kleinen Holzfass auf der Hefe ausgebaut, immer wieder aufgerührt, als Begleiter zu gebratenem Fisch und Krustentieren mit kräftigen Saucen, oder wenn Safran oder Trüffel im Spiel sind, ist das, was man eine „Mariage" nennt, die glückliche Verbindung von Speisen und Wein.

Es wird jetzt, da viele davon abgefüllt werden, höchste Zeit, auch über Rotweine zu sprechen, denn Rotweine gewinnen immer mehr an Bedeutung und müssten eigentlich zu jeder Jahreszeit erwähnt werden. Deshalb wird das Winterkapitel vor allem dem Thema Rotwein gewidmet sein.

Fünferlei
Herbst
Amuse-Bouche

Krautwickel vom Kalbsbäckchen und Trüffel

Dünne Weißkohlblätter in Salzwasser blanchieren. Geschmorte Kalbsbäckchen in feine Würfel schneiden, mit Gemüsebrunoise, gehacktem Trüffel und Rosmarin unter etwas Kalbsfarce mischen. Die Masse in die Weißkohlblätter einschlagen und über Wasserdampf ca. 4 Minuten garen.

Crépinette von der Ente mit Rotweinbirne

Entenkeule fein schneiden. Mit Meerrettich und Quatre Épices würzen, gehackte Petersilie zugeben und in Schweinenetz einpacken. In geklärter Butter ausbraten.

Rotwein mit Zucker, Wacholder, Piment, Knoblauch und Thymian würzen, aufkochen und durchseihen. Birnen in feine Würfel schneiden und mit dem Rotwein aufkochen. Ca. 30 Minuten ziehen lassen und lauwarm anrichten

Abalone mit Kumquatvinaigrette

Abalone aufbrechen und etwas plattieren, in lauwarmen Fischfond legen. Aus reduziertem Orangensaft, Kumquatschalen, braunem Zucker, Thymian, Orangenblütenessig, Geflügelbrühe und Oliven eine Vinaigrette herstellen und die lauwarme Abalone damit marinieren.

Kapern-Sardellenbällchen mit Roter Bete-Sauce

Kapern und Sardellen fein hacken und mit Kalbsbrät und gehackter Blattpetersilie vermengen. Wasser mit Aromaten und Salz würzen, die Fleischbällchen darin ca. 4 Minuten garen.
Für die Rote Bete-Sauce Zwiebeln anschwitzen. Rote Bete, etwas Estragonessig, Geflügelbrühe und Sahne zugeben. Etwa 10 Minuten leicht köcheln, mixen, passieren und mit Butter binden. Evtl. noch etwas Kümmel und Meerrettich zugeben und über die Kapern-Sardellenbällchen saucieren.

Sesam-Meeresfrüchte Krokette

Meeresfrüchte in feine Würfel schneiden, Koriander hacken und zusammen mit den Meeresfrüchten, Zitronenpfeffer, Safranpulver und etwas Ingwer unter eine Fischfarce mischen. Kleine Kroketten abdrehen, in Sesam wälzen und in heißem Maiskeimöl ca. $2\frac{1}{2}$ Minuten ausbacken.

Lauwarmes Jakobsmuschelcarpaccio mit Erdnuss- und Baumtomatensauce

Zutaten

Carpaccio: 12 ausgelöste Jakobsmuscheln • 50 ml Erdnussöl • 20 ml Walnussöl • Saft einer Limette • 100 g Erdnüsse • Meersalz

Erdnusssauce: 200 ml Fischsauce • 150 g Erdnussbutter • 20 ml Walnussöl • Muskatnuss, Salz und Pfeffer

Baumtomatensauce: 6 Baumtomaten • 200 ml Fischsauce • 10 g brauner Zucker • 1 Zweig Thymian • 1 Zehe Knoblauch

für 6 Personen

Für die Erdnusssauce die Fischsauce aufkochen, Erdnussbutter nach und nach zugeben und mit Walnussöl, Muskatnuss, Salz und Pfeffer würzen.

Für die Baumtomatensauce die Tomaten halbieren, entkernen und das Fruchtfleisch mit einem Löffel entnehmen. Braunen Zucker karamellisieren lassen. Fruchtfleisch zugeben und mit der Fischsauce aufgießen. Knoblauch und Thymian einlegen und ca. 30 Minuten ziehen lassen. Die Sauce mit einem Pürierstab aufmixen und passieren.

Jakobsmuscheln in Scheiben schneiden, mit den Ölen beträufeln, Limettensaft zugeben. Auf ein Blech legen und unter dem Salamander ca. 3 Minuten glasig garen. Meersalz aufstreuen, Jakobsmuscheln auf einen lauwarmen Teller legen. Die beiden Saucen abwechselnd um die Muscheln herum aufgeben. Erdnüsse rösten und auf den Muscheln platzieren.

Rahmsüppchen vom Hokkaido-Kürbis mit Ingwerkrebsen

Zutaten

Süppchen: 6 kleine Hokkaido-Kürbisse • 200 g Karotten • 100 g Knollensellerie • 30 g Ingwer • 200 g Zwiebeln • 2 Zehen Knoblauch • 150 ml Noilly Prat • 150 ml Weißwein • 500 ml Geflügelfond • 300 ml Sahne • 100 g Butter • Salz und Pfeffer • Kürbiskernöl nach Bedarf

Ingwerkrebse: 6 Flusskrebse • 100 g Butter • 50 g Ingwer • 2 Blatt Basilikum • 1 Zehe Knoblauch • 30 g brauner Zucker • Meersalz • Kümmel für 6 Personen

An der oberen Seite der Kürbisse einen Deckel herausschneiden, Kürbisse aushöhlen, Kerne und Fasern entfernen, das Fruchtfleisch klein würfeln. Karotten, Sellerie, Zwiebel und Ingwer klein schneiden, zusammen mit dem Kürbisfleisch und der Knoblauchzehe in geklärter Butter farblos anbraten, mit Noilly Prat und Weißwein ablöschen. Um die Hälfte reduzieren lassen, mit dem Pürierstab aufmixen und durch ein feines Sieb geben. Butter untermixen und mit Salz und Pfeffer abschmecken. Evtl. noch etwas Kürbiskernöl zugeben.

Wasser mit Kümmel und Meersalz abschmecken und zum Kochen bringen. Flusskrebse einlegen und ca. 3 Minuten kochen. In Eiswasser abschrecken und das Fleisch ausbrechen. Butter in einer Pfanne schaumig werden lassen, Zucker, Basilikum und Knoblauch zugeben. Ingwer mit der Schale reiben, in einem Tuch auspressen und den Saft zur Butter geben. Die Krebse in die lauwarme Pfanne einlegen und 10 Minuten ziehen lassen. Zusammen mit der Suppe in den ausgehöhlten Kürbissen anrichten.

Mit Steinpilzen gespickte Perlhuhnbrust an Kohlrabinudeln und Lavendeljus

Zutaten

4 Perlhuhnbrüste • 500 g große Steinpilze • 2 Kohlrabi • 100 ml Sahne • 30 g Butter • 1 Zweig Rosmarin • 2 EL geklärte Butter • 300 ml Geflügeljus • 10 g Lavendel • 20 g Honig • Salz, Pfeffer und Muskat • Speisestärke nach Bedarf für 4 Personen

Die Perlhuhnbrüste von der Fleischseite 4- bis 5-mal schräg einschneiden ohne die Haut zu zertrennen, so dass jeweils 4–5 Taschen entstehen.

Die Steinpilze putzen, in Scheiben schneiden und anbraten. Die Scheiben in die Taschen der Perlhuhnbrüste legen. Das Ganze vakuumieren und im Wasserbad ca. 8 Minuten bei 90 °C garen. Herausnehmen und mit dem Rosmarinzweig in geklärter Butter auf der Hautseite anbraten. Im Ofen bei 160 °C 4 Minuten weitergaren.

Geflügeljus mit dem Lavendel aufkochen, Honig zugeben, ca. 20 Minuten ziehen lassen und passieren.

Kohlrabi schälen und mit dem Gemüsehobel in lange dünne Streifen schneiden, in wenig Salzwasser blanchieren. Blanchierfond reduzieren lassen, Sahne und Butter zugeben, evtl. mit etwas Speisestärke abbinden. Mit Muskat und Salz abschmecken.

Kohlrabinudeln durch den Sahnefond ziehen, mit einer Gabel aufdrehen und in der Mitte auf dem Teller anrichten. Perlhuhnbrust schräg aufschneiden, die Tranchen aufsetzen und mit Lavendeljus saucieren.

Atlantik-Steinbutt mit karamellisierten Schweineohren und Herbsttrompeten an Safranschaum

Zutaten

400 g Steinbuttfilet • 400 g Herbsttrompeten • 4 Schweineohren • 80 g Sellerie • 80 g Karotte • 80 g Zwiebel • Aromaten • 80 g brauner Zucker • 50 ml Estragonessig • 5 g Estragon, gehackt • 300 ml Fischsauce • 3 g Safran • 60 ml Pernod • Salz, Pfeffer und Meersalz für 4 Personen

Die Schweineohren in Salzwasser mit Aromaten, Sellerie-, Karotten- und Zwiebelwürfeln ca. 2 Stunden kochen. Von Knorpeln befreien und in Streifen schneiden. Den braunen Zucker karamellisieren lassen, Schweineohren zugeben und mit Estragonessig ablöschen, etwas reduzieren lassen. Mit Salz und Pfeffer abschmecken und den gehackten Estragon zugeben.

Fischsauce mit Pernod und Safran aufkochen, 20 Minuten ziehen lassen und passieren.
Den Steinbutt in 4 gleiche Stücke schneiden, mit Meersalz und Pfeffer würzen. In einer heißen Pfanne von jeder Seite 2 – 3 Minuten anbraten, Schweineohren auf den Fisch setzen.

Herbsttrompeten putzen und waschen, in Butter anbraten, mit Salz und Pfeffer würzen.

Steinbutt auf den Teller geben, Safransauce und Herbsttrompeten um den Steinbutt verteilen.

Rinderfilet auf Belugalinsen mit geräuchertem Kartoffelpüree und weißer Pfeffersauce

Zutaten

900 g Rinderfilet • Salz, Pfeffer • 1 Zweig Rosmarin • 1-2 Knoblauchzehen • 2 EL geklärte Butter

Linsen: 320 g Belugalinsen • 80 g Karotten • 100 g Zwiebeln • 80 g Staudensellerie • 100 g Parmaschinken • 2 l Geflügelbrühe • 300 ml junger Balsamico • 100 g Butter • je 1 Zweig Rosmarin und Thymian

Kartoffelpüree: 30 g Räuchermehl • 400 g Kartoffeln, geschält • 100 g Butter • 200 ml Sahne • Salz und Muskat

Pfeffersauce: 150 g Butter • 200 g Geflügelknochen • 100 g weiße Pfefferkörner • 150 g Staudensellerie • 150 ml Weißwein • 200 ml Sahne • 300 g Geflügelbrühe • Aromaten

Garnitur: Kartoffelgitter • glacierte Rote Bete-Scheiben

für 6 Personen

Karotten, Staudensellerie und Zwiebeln schälen und grob zerkleinern. Zusammen mit den Linsen und dem Schinken anschwitzen, mit Balsamicoessig ablöschen. Thymian und Rosmarin zugeben, nach und nach mit der Geflügelbrühe aufgießen, ca. 40 Minuten köcheln lassen. Das Gemüse und den Schinken herausnehmen und die Linsen mit der Butter abbinden.

Die Kartoffeln in Salzwasser kochen, danach 10 Minuten räuchern, durch ein Sieb streichen und mit den restlichen Zutaten zu Püree verarbeiten.

Für die Pfeffersauce Geflügelknochen im Topf anrösten, die Butter und die Pfefferkörner zugeben und ca. 3 Minuten rösten. Zerkleinerten Staudensellerie zugeben, dann mit Weißwein ablöschen und reduzieren lassen. Die Geflügelbrühe, Aromaten und die Sahne aufgießen und ca. 40 Minuten ziehen lassen. Den Pfefferfond passieren und evtl. mit kalter Butter abbinden.

Das Rinderfilet in 6 gleiche Stücke schneiden, würzen, in geklärter Butter auf beiden Seiten ca. 3 Minuten anbraten, Rosmarin und Knoblauchzehen zugeben und bei milder Hitze ca. 4 Minuten ruhen lassen.

Linsen in der Mitte des Tellers anrichten, Rinderfilet aufsetzen. Das Püree in einen Spritzbeutel geben und dekorativ auf das Rinderfilet spritzen, mit Pfeffersauce umgießen. Mit Kartoffelgitter und Rote Bete-Scheiben garnieren.

Creme von Ingwer und weißer Schokolade mit Kürbiskernöleis

Zutaten

Ingwer-Schoko-Creme: 190 g weiße Schokolade • 3 Eigelb • 80 g Zucker • 30 ml Grand Marnier • 50 ml Ingwersaft • 300 ml geschlagene Sahne • 1 Blatt Gelatine

Kürbiskernöleis: 400 ml Sahne • 400 ml Milch • 130 g Zucker • 2 Vanillestangen • 10 Eigelb • 100 ml Kürbiskernöl

Schokoladenring: 400 g weiße Schokolade

für 6 Personen

Schokolade über dem Wasserbad schmelzen. Eigelb, Zucker, Ingwersaft und Grand Marnier zur Rose abziehen. Schokolade unterrühren. Gelatine einweichen, ausdrücken und ebenfalls unter die Masse ziehen. Zum Schluss die Sahne nach und nach unterheben und für ca. 2 Stunden kühl stellen.

Für das Eis Sahne, Milch, Zucker und halbierte Vanillestangen aufkochen und 30 Minuten ziehen lassen. Vanillemark auskratzen und wieder zur Sahnemasse geben, diese passieren und mit den Eigelben über dem Wasserbad zur Rose abziehen. Masse abkühlen lassen und in der Eismaschine gefrieren. Kurz vor der Fertigstellung Kürbiskernöl zugeben.

Für den Schokoladenring geschmolzene Schokolade auf Streifen von dünner Plastikfolie streichen, zu einem Kreis formen, mit einer Büroklammer fixieren und auskühlen lassen. In den Schokoladenring die Creme einfüllen und das Eis aufsetzen. Evtl. noch etwas Kürbiskernöl auf das Eis träufeln.

Mousse von Roter Bete und Blütenhonig mit Schwarzkümmeleis

Zutaten

Rote Bete Mousse: 300 g Rote Bete • 80 g Blütenhonig • 100 g Zucker • 50 ml Grand Marnier • 5 Eigelb • 60 g weiße Schokolade • 5 Blatt Gelatine • 280 g geschlagene Sahne

Schwarzkümmeleis: 400 ml Sahne • 300 ml Milch • 200 g weiße Schokolade • 10 Eigelb • 200 g Zucker • 2 Vanillestangen • 15 g Schwarzkümmel, gerieben • 10 g Orangenabrieb für 6 Personen

Rote Bete mit Schale in Zuckerwasser ca. 30 – 40 Minuten weich kochen. Schälen, mit dem Pürierstab fein mixen und durch ein Haarsieb streichen. Honig, Zucker, Grand Marnier und Eigelb zur Rose abziehen, geschmolzene Schokolade zugeben. Gelatine einweichen, ausdrücken und ebenfalls unter die Masse ziehen. Nun Rote Bete unterrühren. Masse abkühlen lassen und zum Schluss Sahne unterheben. Ca. 3 Stunden im Kühlschrank auskühlen lassen.

Für das Eis Sahne, Milch, Zucker und halbierte Vanilleschoten aufkochen. 30 Minuten ziehen lassen, Vanillemark herauskratzen und zur Sahnemasse geben. Mit den Eigelben zur Rose abziehen, geschmolzene Schokolade unterrühren und die Masse in der Eismaschine gefrieren lassen. Kurz bevor das Eis fest wird, den geriebenen Schwarzkümmel und den Orangenabrieb untermischen.

Mousse auf den Teller geben, Nocke vom Eis abstechen und aufsetzen. Als Garnituren eignen sich Hippen und Schokoladensplitter.

Feigentarte mit Pumpernickeleis und Mandelschaum

Zutaten

Tarte: 3 Eiweiß, steif geschlagen • 6 runde Blätterteigscheiben à 10 cm Durchmesser • 80 g Marzipan • 1 Eigelb • 6 Feigen • Puderzucker

Pumpernickeleis: 300 ml Milch • 500 ml Sahne • 250 g Pumpernickel • 1 Vanilleschote • 1 Zimtstange • 200 g Zucker • 11 Eigelb

Mandelschaum: 150 g Mandelblätter • 150 ml Milch 150 ml Sahne • 100 g Zucker • 4 Eigelb für 6 Personen

Für die Tarte das Eiweiß mit dem Marzipan vermengen, den Blätterteig mit Eigelb bestreichen. Die Marzipanmasse auf dem Teig verteilen, Feigen in Schnitze schneiden und ebenfalls auflegen. Mit Puderzucker bestäuben und 10 Minuten bei 160 °C im Ofen ausbacken.

Für das Eis Milch, Sahne, Zucker, Zimtstange, halbierte Vanilleschote und zerkleinerten Pumpernickel aufkochen und ca. 30 Minuten ziehen lassen. Vanilleschote auskratzen und Mark wieder zugeben. Zimtstange herausnehmen und die Masse mit dem Pürierstab leicht mixen. Mit dem Eigelb zur Rose abziehen, abkühlen lassen und in der Eismaschine gefrieren.

Für den Mandelschaum die Mandelblätter ohne Fett anrösten und mit Sahne, Milch und Zucker aufkochen, ca. 40 Minuten ziehen lassen. Mit dem Eigelb zur Rose abziehen, danach passieren und mit dem Pürierstab schaumig aufschlagen.

Tarte auf den Teller geben, eine Kugel Eis aufsetzen und mit dem Mandelschaum umgießen. Als Garnituren eignen sich frische Beeren und Schokoladenornamente.

Mies-muscheln mit Kaviar und Garten-gurken-Chart-reuse

Die Weinlese

Die Weinlese beginnt im zweitgrößten deutschen Anbaugebiet, der von der Sonne verhätschelten Pfalz, häufig schon Ende August.

Aus den früh reifenden Sorten entsteht meist der „Neue", ein leicht bis kräftig moussierender, in Gärung befindlicher Traubenmost. Der neue Wein ist eine saisonale Spezialität, deren Genuss sicher wegen ihrer gesundheitsfördernden Aspekte empfohlen werden kann. Vor deren therapeutischem Effekt – besonders in höherer Dosierung genossen – muss gleichwohl der Form halber gewarnt werden, auch aufgrund manchmal „durchschlagender Wirkung" auf den Verdauungsmechanismus.

Die Hauptlese beginnt erst später, gegen Mitte bis Ende September und dauert etwa vier Wochen. Es sind die spät reifenden Rebsorten wie Riesling und Spätburgunder, die als die edelsten gelten. Beiden gemein ist eine besondere Vielschichtigkeit der Aromen, die neben der genetischen Anlage vor allem auf die späte Reife und somit auf die lange Vegetationsperiode zurückzuführen ist. Die Reben haben eben viel Zeit zur Einlagerung von Mineralien in die Trauben und diese wiederum zur Ausbildung komplexer Aromenstrukturen.

Der am häufigsten zu hörende Begriff in diesen Tagen ist „Öchsle-Grade". Dabei handelt es sich um ein Maß zur Bestimmung des Zuckergehaltes der Trauben. Es bemisst das Mehrgewicht des zuckerhaltigen Mostes gegenüber dem Gewicht des Wassers. Gemessen werden die „Öchsle" meist mit Hilfe des Handrefraktometers, vielen auch noch bekannt aus der Honigwerbung („Good day sunshine" ...).

In Deutschland gilt der Zuckergehalt der Trauben als Maß für deren Reife und ist Grundlage weingesetzlicher Qualitätseinstufungen für den daraus vergorenen Wein – abhängig von der geographischen Lage des Anbaugebietes. Hört sich kompliziert an, ist es auch!

Die Praxis, die Reife der Trauben alleine an deren Zuckergehalt festzumachen, sowie die daraus resultierende Einstufung der Weine in eine kaum verständliche Qualitätspyramide ist – wohl zu Recht – Gegenstand einiger Kritik. Die so genannte physiologische Reife der Trauben, das heißt ihr entwickelter Geschmack, die Reife des Traubenkerns, der Extraktgehalt, das Verhältnis des Zuckergehalts zur Säure sowie das der recht aggressiven Äpfel- zur weicheren Weinsäure, ist ein mindestens ebenso entscheidender Aspekt für die Qualität des Weines. Die Kategorisierung deutscher Weine bleibt den meisten ein Buch mit mindestens sieben Siegeln, auch den Export deutscher Weine ins Ausland macht sie nicht eben leichter.

Der wichtigste Faktor für die Weinqualität ist die Gesundheit der Trauben – der Erfolg der Weinbergsarbeit eines ganzen Jahres – ihre sorgfältige Lese und Auslese, der Transport in idealerweise möglichst kleinen Behältnissen – damit der Eigendruck nicht schon zu viele zerquetscht, was zu Oxidation und Aromenbeeinträchtigung führt – sowie die zügige Weiterverarbeitung im Betrieb. Das bedeutet bei Weißweinen, für deren Herstellung nur der Most vergoren wird, das nochmalige Aussortieren, Entrappen und schonende Abpressen der Trauben, bevor die Vergärung erfolgt.

Bei Rotweinen, die eine Maischegärung durchlaufen, werden die Trauben nach dem Entrappen – der Trennung von den Stielen – in Maischetanks oder Bottiche gefüllt und dort unter fortlaufendem Untertauchen und/oder Überschwallen des sogenannten Tresterhutes („nieder mit dem Tresterhut") vergoren. Dieses Verfahren ist sehr wichtig für den Verlauf der Gärung und die Extraktion von Farb- und Gerbstoffen. Danach wird der auf der Maische vergorene Most in Stahltanks oder in große Holzfässer gefüllt, wo er reift und sich entwickelt. Top-Qualitäten dürfen meist im ca.

Gästeweinlese an einem sonnigen Oktobertag im „Deidesheimer Kieselberg"

220 Liter fassenden so genannten „Barrique" aus neuem Eichenholz reifen. Auf Einzelheiten, die vor, während und in Folge dieser Verarbeitungsschritte zu beachten sind, soll hier nicht näher eingegangen werden.

Selbst an einer Lese teilzunehmen ist der schönste Weg für eine persönliche Begegnung mit dem Wein. Immer mehr Weingüter bieten Gästen diese Möglichkeit an, und selbstverständlich ist bei einer aufwändigen Handlese jedes geschickte Paar Hände herzlich willkommen. Dabei steht jedoch immer das vergnügliche Erlebnis im Vordergrund.

Die traditionelle Gästeweinlese des Weingutes Reichsrat von Buhl in Deidesheim, bei der diese Bilder entstanden sind, verbindet die Freude an der Arbeit im Weinberg, am anschließenden Feiern samt üppiger Pfälzer Kost, mit dem Einblick in all die komplexen Vorgänge, die in diesem Stadium der Weinbereitung eine Rolle spielen. Vor allem aber – und trotz der Anspannung, der die Winzer und Weinmacher in dieser Zeit ausgesetzt sind – vermittelt die gemeinsame Lese ein wenig von der Freude, der Befriedigung und der Faszination, die das Entstehen von Wein aus den Früchten des Rebstockes bedeutet.

Auch wenn wir heute fast alle chemischen und physikalischen Abläufe dabei verstehen und uns ein beeindruckendes Arsenal an Technik erlaubt, diese Vorgänge positiv zu beeinflussen, so umgibt die „Weinwerdung" immer noch ein gewisses Mysterium. Genau das aber ist das ungemein Fesselnde, der Virus, der all jene befällt, die sich mit dem Thema Wein intensiver beschäftigen – den Autor dieses Textes nicht ausgenommen.

Essigsäure: in Spuren hat sie jeder Wein, in Mengen ein unglücklicher Kellermeister.

Im Winter

Georg Wiedemann und Stefan Neugebauer bei der Huldigung der Essigmutter im Essigkeller des Doktorenhof: Ob Ihnen dies bei der Zubereitung des nächsten Wildkräutermenüs hilft, das mit Essigen begleitet wie zubereitet wird?

Winter-Kochkurs

Tipp

Durch Zugabe von trockenem Riesling an Rahmsaucen und Rahmsuppen erhält man eine angenehme Säure und Frische.

Tipp

Um eine Gans auch am Tisch reibungslos tranchieren zu können, entfernt man das Brustbein vor dem Garen.

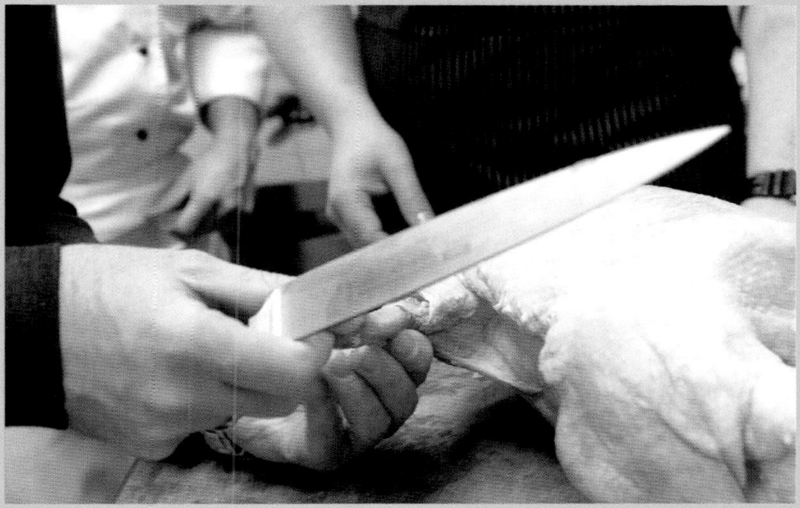

Das Weinjahr
Winter

Es ist ruhiger geworden im Weinland Pfalz. Jetzt, Ende Oktober, wendet sich die Aufmerksamkeit des Winzers dem Keller zu.

Wie der Winzer sich im Keller den Früchten der Arbeit eines Jahres zuwendet, ist ein schönes Sinnbild für eine gewisse innere Einkehr in der berüchtigten dunklen Jahreszeit – wäre da nicht der „Weihnachtsstress“. Dennoch bleiben genügend ruhige Abende für den „vin de méditation“ – den etwas tieferen Griff in die Schatzkammer: reife, würzige Weißweine, die Riesling Auslese von 1990 vielleicht oder die Beerenauslese von 1994, mit Aromen von in Honig karamellisierter Orangenschale, zur Gänsestopfleber mit Kumquatsvinaigrette.

Vor allem aber ist jetzt Rotweinzeit. Rot- bis schwarzbeerig, würzig und wärmend, verströmt er die Aromen von Spätherbst und Winter. Im Barrique-Fass ausgebaut, sind es außerdem Kokos und Vanille, manchmal auch Zimt und Nelke, die an Advent und Weihnachten erinnern und auf die wir sehr emotional reagieren. Das Geruchszentrum liegt im Stammhirn und ist direkt und unbewusst an unsere Gefühlswelt gekoppelt, weshalb wir uns der Wirkung kaum entziehen können.

Dem Trend zu Rotweinen entsprechend – jede zweite in Deutschland verkaufte Flasche Wein ist ein Roter – ist in den letzten Jahren die mit Rotweinreben bestockte Fläche auf über 25 % gewachsen.

Das Angebot an Pfälzer Rotweinen ist in den zurückliegenden zehn Jahren sehr vielfältig geworden, sowohl was die Rebsorten, als auch was die Ausbaustile anbelangt. Die Bandbreite reicht vom frisch-rotbeerigen Portugieser oder Dornfelder aus dem Edelstahltank, der früh auf die Flasche gefüllt noch leicht moussierend an den französischen „Beaujolais Primeur" erinnert, über klassische Spätburgunder, die den Vergleich mit dem „Pinot noir" aus dem Burgund nicht scheuen, bis zu internationalen Rebsorten wie Cabernet Sauvignon und Merlot. Dazu kommen Neuzüchtungen wie Regent oder Cabernet Cubin sowie eine Vielzahl von Rotweincuvées, mit denen man sowohl den europäischen Klassikern wie auch den erfolgreichen „Überseeweinen" den Kampf ansagt.

Trotz der fast unüberschaubaren Vielfalt lassen sich zwei Trends ausmachen. Zum einen die Erzeugung anspruchsvoller und großer Burgunderweine. Als Imageträger sind sie das rote Äquivalent zum Riesling und ebenso wie dieser für das hiesige „Terroir" perfekt geeignet. Zum anderen die Komposition von Rotweincuvées aus sehr unterschiedlichen Rebsorten, häufig unter Verwendung von Cabernet Sauvignon und Merlot, aber auch Dornfelder, St. Laurent und der Cabernet Sauvignon-Kreuzungen Cubin, Dorsa und Dorio.

Ein einheitliches gebietstypisches Geschmacksbild ist bei den Cuvées noch nicht zu erkennen. Einige der interessantesten sind kräftig, dunkelbeerig, würzig, komplex mit ordentlich Schmelz und saftigen Tanninen. Sie stellen so eine sehr gute stilistische Ergänzung zu den traditionellen deutschen Rotweinen dar.

Die Cabernet-Familie und ihre Cuvées passen besonders zur Mittelmeerküche mit vielen Kräutern, südländischen Gemüsen – vor allem Paprika – zu Lamm und kurz gebratenem Fleisch. Der Spätburgunder liebt das Wild, eine kräftige Jus, vielleicht mit etwas Wacholder, auch Preiselbeeren und besonders Wurzelgemüse.

Fünferlei Winter Amuse-Bouche

Gebratene Blutwurst mit Meerrettich-Couscous

Couscous mit Geflügelfond, Thymian und etwas Knoblauch weich kochen. Am Ende der Garzeit frisch geriebenen Meerrettich untermischen. Blutwurstscheiben braten und mit dem Couscous aufstapeln, evtl. noch Preiselbeeren zugeben.

Spieß von Kaisergranat mit Taubenherz

Taubenherzen etwa 30 Minuten in kaltem Wasser durchspülen. Eine Marinade aus Walnussöl, Knoblauch und Koriander herstellen und die ausgelösten Kaisergranate zusammen mit den Taubenherzen 12 Stunden marinieren. Auf einen Rosmarinzweig stecken und in der Pfanne in geklärter Butter anbraten.

Hahnenkämme mit Rochenflügel

Hahnenkämme in Salzwasser mit Aromaten ca. 2 Stunden lang kochen, häuten und in kleine Stücke zerteilen. Rochenflügel mit Meersalz würzen und in geklärter Butter anbraten, etwas Rosmarin, Thymian und Knoblauch zugeben. Mit den Hahnenkämmen anbraten und beides auf etwas Safranrisotto anrichten.

Carpaccio vom Reh mit Steckrüben und langem Pfeffer

Rehfleisch in dünne Scheiben schneiden und zwischen zwei Folien plattieren. Aus Trüffeljus, Senf, Balsamicoessig und Trüffelöl eine Marinade herstellen. Steckrüben in Rauten schneiden und blanchieren. Rehfleisch durch die Marinade ziehen, auf den Teller setzen und die Steckrübenrauten anlegen. Zum Schluss noch etwas langen Pfeffer darüber reiben.

Aal mit geräuchertem Kartoffelsalat

Kartoffeln mit Schale weich kochen, schälen, in Scheiben schneiden und mit dem Aal räuchern. Aus den Kartoffelscheiben mit Rotweinessig, Maiskeimöl, Senf, Salz und Pfeffer einen Salat bereiten. Aal häuten und filetieren, dann scheibenweise auf dem Salat anrichten.

Tortelloni von Maronen mit Maronen-Latschenkieferschaum

Zutaten

Maronenpüree: 500 g Maronen, geschält und blanchiert • 200 g Butter • 100 g brauner Zucker • 100 ml Orangensaft • 200 ml Sahne • 80 ml Gin • Salz und Pfeffer

Maronennudelteig: 400 g Mehl • 200 g Grieß • 100 g Maronenpüree • 3 Eier • 30 ml Olivenöl • Salz • 1 Eigelb zum Bestreichen

Latschenkieferschaum: 100 g Maronenpüree • 100 ml Orangensaft • 20 ml Gin • 250 ml Sahne • 40 g Butter • 150 g Latschenkieferzweige • Saft einer Limette • Salz

für 6 Personen

Für das Püree den braunen Zucker karamellisieren lassen, Maronen und Butter zugeben. Mit der Sahne und dem Orangensaft aufgießen und bei milder Hitze ca. 20 Minuten köcheln lassen. Den Gin zugeben und mit dem Pürierstab fein mixen. Die Masse durch ein Haarsieb streichen, mit Salz und Pfeffer abschmecken.

Für den Nudelteig alle Zutaten 10 Minuten zu einem kompakten Teig kneten und 2 Stunden ruhen lassen. Nun den Nudelteig auf 1–2 mm Stärke ausrollen und Kreise von 12 cm Durchmesser ausstechen. Mit Eigelb bestreichen und in die untere Hälfte Maronenpüree setzen. Teigscheiben zusammenklappen und zu einem Tortelloni formen. In Salzwasser ca. 9 Minuten leicht sieden lassen.

Für den Latschenkieferschaum die Nadeln abzupfen und mit Gin und Orangensaft aufkochen, ca. 1 Stunde ziehen lassen. Sahne und Butter zugeben und das Maronenpüree unterrühren. Den Fond durch ein feines Sieb passieren und mit Limettensaft und Salz abschmecken.

Beim Anrichten Maronenpüree mit einem Spritzbeutel dekorativ auf den Teller spritzen, Tortelloni aufsetzen und mit Schaum umgießen.

Als Garnitur eignen sich glacierte Maronen sowie herzhaftes Gemüse wie Karotten oder grüner Spargel.

Rahmsüppchen von Mais und Kokos mit gemahlenem Sternanis

Zutaten

3 Kokosnüsse • 1 Zwiebel, gewürfelt • 1 Knoblauchzehe, zerdrückt • 1 Karotte, gewürfelt • 100 ml trockener Weißwein • 300 ml Kokosmilch • 200 ml Sahne • 500 ml Geflügelbrühe • 350 g Mais • 100 g Butter • 2 kg Meersalz • Salz, Zucker und Pfeffer • 1 TL Sternanis, gemahlen für 6 Personen

Die Kokosnüsse mit einem großen Messer rundherum anschlagen, bis sie entzwei brechen, wenn möglich die Kokosmilch auffangen.

Zwiebel, Knoblauch und Karotte glasig anschwitzen, mit Weißwein ablöschen, ca. 2 Minuten kochen lassen. Mit Brühe, Sahne und Kokosmilch auffüllen, Mais zugeben, nochmals 10 Minuten köcheln lassen. Im Mixer pürieren und durch ein feines Sieb streichen.

Den Suppenfond zur Bindung mit der Butter aufmixen und mit Salz, Pfeffer und Zucker abschmecken. Die Suppe aufschäumen und die im Meersalz stehenden Kokosnusshälften damit befüllen. Sternanis aufstreuen.

Als Einlage eignen sich Jakobsmuscheln und Krustentiere.

Weißer Heilbutt mit Erbsenmousseline und geräucherter Steinpilzsauce

Zutaten

Erbsenmousseline: 400 g Erbsen • 180 g Butter • Muskat, Salz und Cayennepfeffer

Steinpilzsauce: 30 g Räuchermehl • 150 g Steinpilze • 50 ml Noilly Prat • 50 ml Weißwein • 80 g Schalotten • 100 ml Fischfond • 180 ml Sahne • 1 Zweig Thymian • Olivenöl, Salz und Pfeffer • Butter

Heilbutt: 600 g Heilbuttfilet • Meersalz und Zitronenpfeffer • 1 Beutel Kamillentee für 6 Personen

Für die Erbsenmousseline die Erbsen in Salzwasser weich kochen, leicht abkühlen lassen. Dann die Butter untermixen, bis eine sämige Masse entsteht. Diese durch ein Sieb streichen, mit Salz, Muskat und Cayennepfeffer abschmecken. Sofort kühl stellen, damit die Mousseline ihre Farbe behält.

Für die Steinpilzsauce das Räuchermehl erhitzen und in den Ofen geben. Die Steinpilze grob zerkleinern und mit Schalottenstreifen, Thymian und etwas Olivenöl auf ein Blech geben und 10 Minuten in den Rauch stellen. Nun in einem Topf die Steinpilzmischung in Olivenöl leicht anschwitzen, mit Noilly Prat und Weißwein ablöschen und zur Hälfte reduzieren lassen. Mit der Sahne und dem Fischfond aufgießen. Ca. 30 Minuten ziehen lassen und dann mit dem Pürierstab aufmixen, durch ein feines Sieb geben und mit Butter binden.

Das Heilbuttfilet in 6 gleiche Stücke teilen. Mit Meersalz und Zitronenpfeffer würzen. Einen Dampfgarer mit Salzwasser und Kamille vorbereiten, den Heilbutt bei mäßiger Hitze 5 – 7 Minuten garen.

Zum Anrichten die Erbsenmousseline auf den Heilbutt streichen, auf dem Teller arrangieren und die Steinpilzsauce angießen. Als Garnitur eignen sich bunte Zucchinirollen und gebratene Steinpilze sowie Erbsen.

Gebratener Saint Pierre mit Kaiseromelette und Aprikosenpolenta

Zutaten

600 g St. Pierre-Filet • 2 EL geklärte Butter • 1 Knoblauchzehe, gehackt • je 1 Zweig Thymian und Rosmarin • Meersalz

Kaiseromelette: 6 Kaisergranat (Scampi) • geklärte Butter • 100 ml Tomatensauce • 1 EL Tomatenwürfel • 1 EL Zucchiniwürfel • 1 TL Korianderblättchen, gehackt • Salz und Pfeffer • 6 Eier • 10 ml Sesamöl • 6 Schnittlauchfäden

Aprikosenpolenta: 200 g Polentagrieß • 100 g Butter • 300 ml Aprikosensaft • 150 g Aprikosenpüree • Olivenöl • brauner Zucker • Salz für 6 Personen

Den Polentagrieß in etwas Olivenöl anschwitzen, nach und nach den Aprikosensaft und das Püree zugeben. Ca. 20 Minuten bei milder Hitze köcheln lassen. Butter untermischen und mit braunem Zucker, Salz und Olivenöl abschmecken.

Kaisergranat aus der Schale ausbrechen und in kleine Stücke schneiden. In etwas geklärter Butter anbraten und mit der Tomatensauce begießen. Tomatenwürfel, Zucchiniwürfel und Koriander zugeben, mit Salz und Pfeffer abschmecken.

Für die Omelette die Eier aufschlagen und mit etwas Salz und dem Sesamöl verquirlen. Etwas von dem Eiergemisch in eine Teflonpfanne geben, leicht anbacken lassen und Kaisergranatfüllung aufsetzen. Omelette vom Rand her umschlagen und mit einem Schnittlauchfaden zusammenbinden. Weitere Omelette ebenso zubereiten.

Den St. Pierre salzen und in geklärter Butter anbraten. Knoblauch, Thymian und Rosmarin zugeben und bei milder Hitze ca. 5 Minuten garen. Nochmals kurz in den Ofen schieben.

Polentanocken abstechen und dekorativ mit dem Omelette und dem St. Pierre auf dem Teller anrichten.

Als Sauce eignet sich Tomaten- bzw. Krustentierschaum, als Garnitur grüner Spargel oder frittierte Kräuter.

Saumagen „auf meine Art“ mit Gänsestopfleber und Périgord-Trüffel

Zutaten

6 Naturdärme vom Schwein • 500 g Saumagenfüllsel • 200 g Gänsestopfleber • 40 g Butter • je 1 EL Rosmarin und Thymian, gehackt • 50 ml Trüffelöl • 70 g Périgord Trüffel • Muskat • Quatre Épices • 150 ml Kalbsjus • 3 große Karotten • 10 g rosa Pfeffer • 20 ml Honig • Salz und Pfeffer • Aromaten • 2 EL geklärte Butter für 6 Personen

Die Gänsestopfleber von Haut und Sehnen befreien und in Würfel schneiden. Das Saumagenfüllsel mit den Kräutern, dem Trüffelöl, den gehackten Trüffeln, Quatre Épices und etwas Muskat vermengen. Die Stopfleberwürfel vorsichtig unter die Masse heben, in die Naturdärme einfüllen und zubinden. In Salzwasser mit Aromaten bei 90 °C ca. 10 Minuten garen, aber nicht kochen lassen. Nun den „Saumagen“ in geklärter Butter anbraten und im Ofen bei 160 °C weitere 5 Minuten garen.

Die Karotten mit dem Gemüsehobel in lange Streifen schneiden, in etwas Butter anschwitzen. Rosa Pfeffer und Honig zugeben, mit Salz und Pfeffer abschmecken.

Den Saumagen schräg halbieren und auf dem Teller arrangieren. Karottennudeln aufsetzen, mit etwas Kalbsjus saucieren.

Als Garnituren eignen sich kräftige Gemüse wie Weißkohl oder eine Scheibe gebratene Gänsestopfleber.

Strudel von Wachtel und Milchkalbsleber mit bunten Kartoffeln

Zutaten

6 Blätter Brickteig • 3 Wachteln • 500 g Milchkalbsleber • 20 große Spinatblätter • 180 g Putenbrust • 120 ml Sahne • 60 ml Eiweiß • 250 g violette Kartoffeln • 250 g Süßkartoffeln • 250 g Speisekartoffeln • etwas Butterfond • 150 ml Geflügeljus • Salz und Pfeffer • nach Belieben: Trüffelscheiben für 6 Personen

Die Stiele der Spinatblätter ausschneiden. Blätter in Salzwasser blanchieren und nebeneinander zur Matte auslegen.

Für eine Farce die Putenbrust klein würfeln. In eine Moulinette geben und Sahne und Eiweiß langsam untermixen. Die Fleischmasse durch ein feines Sieb streichen und kühl stellen.

Die verschiedenen Kartoffelsorten in Salzwasser kochen und schälen. Danach in Scheiben schneiden, Kreise ausstechen und in Butterfond schwenken.

Für den Strudel die Wachtelbrüste auslösen und von Sehnen und Haut befreien. Die Kalbsleber häuten und in dünne Scheiben schneiden. Jeweils ein Stück Kalbsleber und eine Wachtelbrust in die Spinatplatte wickeln, evtl. noch eine Scheibe Trüffel zugeben.

Die Brickteigblätter mit der Farce bestreichen und die Spinatrollen darin einschlagen. Den Strudel von allen Seiten in einer Teflonpfanne anbraten und im Ofen bei 180 °C ca. 12 Minuten garen.

Die Kartoffeln farblich wechselnd auf den Teller legen. Den Strudel schräg aufschneiden und auf die bunten Kartoffeln setzen. Etwas Geflügeljus um den Strudel saucieren.

Als Garnitur eignen sich frittierte Kräuter oder Kartoffelchips sowie herzhafte Blüten.

Dreierlei Pralinen

Zutaten

Essigpraline: 170 g Sahne • 150 g Vollmilch Kuvertüre • 100 g Zartbitter Kuvertüre • 150 ml Zauberblütenessig • 20 g Butter • 60 fertige Zartbitter-Pralinenhohlkörper • 50 g Zartbitter Kuvertüre zum Abdeckeln

Erdnusspraline: 180 g Sahne • 30 g Butter • 20 g Honig • 280 g Vollmilch Kuvertüre • 100 g Erdnüsse • 60 fertige Vollmilch-Pralinenhohlkörper • 50 g Vollmilch Kuvertüre zum Abdeckeln

Champagnertrüffel: 150 g Sahne • 40 g Butter • 30 ml Marc de Champagne • 250 g weiße Kuvertüre • 60 fertige Pralinenhohlkörper • 50 g weiße Kuvertüre zum Abdeckeln

je 60 Stück

Für die Essigpralinen die Sahne mit der Butter aufkochen. Die Kuvertüren zugeben und auflösen. Essig hinzufügen und alles gut verrühren, die Masse erkalten lassen.

Für die Erdnusspralinen die Erdnüsse im Ofen abrösten, erkalten lassen und klein hacken. Sahne, Butter und Erdnüsse einmal aufkochen und ca. 5 Minuten ziehen lassen. Honig zugeben, noch einmal aufkochen und zur Kuvertüre geben. Alles gut verrühren und erkalten lassen.

Für die Champagnertrüffel Sahne und Butter aufkochen, in die weiße Kuvertüre geben und alles gut verrühren. Marc de Champagne untermischen und erkalten lassen.

Die Massen in die jeweiligen Pralinenhohlkörper füllen und im Kühlschrank anziehen lassen. Die entsprechende Kuvertüre schmelzen, die Pralinen damit abdeckeln.

Das ansprechende Igelmuster erzielt man, indem man die Praline durch Kuvertüre zieht und über ein Gitter rollt.

Zerlaufenes Adventsküchlein mit Gewürz-Orangen und Christstolleneis

Zutaten

Adventsküchlein: 225 g Mehl • 450 g Puderzucker • 200 g Grieß • 450 g Eiweiß (von 15 Eiern) • 450 g Zartbitter Kuvertüre • 3 EL Honig • 550 g Butter • 30 g Adventsgewürz • 30 ml Rum

Gewürzorangen: 750 ml Weißwein • 300 g Zucker • 1 Lorbeerblatt • 6 Pfefferkörner • 1 Zimtstange • 2 Nelken • 1 Sternanis • 1 l Grenadine • 8 Orangen

Christstolleneis: 500 g Sahne • 500 g Milch • 150 g Zucker • 2 Eier • 8 Eigelb • 1 Vanillestange • 80 g Stollengewürz • 100 ml Rum • 50 g Orangeat • 50 g Zitronat • 30 g Sultaninen für 8 Personen

Für die Adventsküchlein Mehl, Puderzucker, Grieß, Eiweiß, Honig, Adventsgewürz und Rum in einer Schüssel vermischen. Die Kuvertüre und die Butter auflösen und in die Schüssel geben. Alles gut vermengen und im Kühlschrank ca. 5 Stunden kalt stellen.

Die Förmchen (8 Metallringe von 7 cm Durchmesser) gut ausbuttern und auszuckern. Die Ringe halb mit der Masse füllen und im Ofen bei 180 °C ca. 9 Minuten ausbacken, so dass die Küchlein in der Mitte noch flüssig sind.

Für die Gewürzorangen Weißwein und Zucker aufkochen und die Gewürze zugeben. Die geschälten Orangen in eine Schüssel legen und mit dem noch warmen Fond aufgießen. Die Grenadine zugeben und ca. 2 – 3 Tage im Kühlschrank ziehen lassen.

Für das Christstolleneis Milch, Sahne und Zucker aufkochen und mit den Eiern zur Rose abziehen. Durch ein Haarsieb in eine Schüssel passieren. Den Rum und das Stollengewürz zugeben und kalt stellen.

In der Eismaschine frieren. Kurz bevor das Eis fertig ist Orangeat, Zitronat und Sultaninen zugeben.

Gewürzorangen aufschneiden und auf dem Teller arrangieren. Eiskugeln abdrehen, auf den Gewürzorangen anrichten. Küchlein aus der Form lösen und aufsetzen.

Perlhuhnbäckchen mit Ananas und Balsamico-Linsen

Kochen wie die Profis. Dazu gehört das Küchensieb zum rückstandslosen Sieben von Suppen und Brühen.

Kleine Gerätekunde

Das perfekte Handwerkszeug für Kochprofis und ambitionierte Hobbyköche, die gern anspruchsvoll kochen. Kompromisslose Qualität, attraktives Design und innovative Funktionen zeichnen hochwertige Geräte für die Küche aus. Das umfangreiche Sortiment ermöglicht alle Zubereitungsarten.

Der multi-Star zum Dämfen, Blanchieren und Kochen wie Suppenhuhn, Pasta, Muscheln usw. In der Spargelzeit praktisch zum Garen von Spargel.

Die Sauteuse zum Anschwenken von Gemüse in Butter oder zum Rühren und Reduzieren feiner Saucen.

Edlstahl-Servierpfanne mit Protectal-Plus Versiegelung für dauerhaften Antihaft-Schutz. Zum stilvollen servieren direkt auf dem Tisch.

Die Edelstahl-Servierpfannen zum schnellen, scharfen Anbraten, z.B. von Steaks. Alles wird besonders knusprig.

Die Serie original-profi collection bietet den ambitionierten Hobbykoch ein komplettes Sortiment in allen Größen und für alle Zubereitungsarten.

Die klassische Edelstahl-Stielpfanne auch im Backofen einsetzbar, z.B. zum Gratinieren.

Messer sind die wichtigsten Werkzeuge in der Küche. Mit original-profi Messer ist professionelles Werkzeug immer griffbereit.

Schöpf- und Hebegeräte: Für kleckerfreies Ausgießen, zum Portionieren oder Servieren von Speisen.

Pfeffer- und Salzmühlen mit abriebfesten Keramikmahlwerk ergänzen die Profi-Handwerkszeuge.

Kochfreu(n)de im Restaurant „Schwarzer Hahn“

Teamwork ist beim Kochen sehr wichtig, es bringt viel Spaß und meist auch Erfolg. Nicht immer verderben viele Köche den Brei, im Gegenteil: sie sorgen dafür, dass es eben nicht nur diesen gibt. Das Arbeiten mit Freunden wird Sie inspirieren und infizieren, mit einer Krankheit die im Übrigen unheilbar ist – Gott sei Dank!

Bernd Siener

Patrick Bittner

Gunter Ehinger

Stefan Neugebauer

Stefan Manier

Patrick Bittner, geboren am 18.10.1971 in Stadtlohn, machte seine Ausbildung zum Koch im *Burghotel Hardenberg*, Nörthen-Hardenberg. Nach seinen Stationen im *Hotel Hof*, Idstein, im *Landhaus Scherrer* in Hamburg, im *Hummerstübchen*, Düsseldorf, im *Sülbecker Krug* und im *Hessler's Restaurant* in Maintal-Dörnigheim, wechselte Bittner 1998 zu Dieter Müller nach Bergisch Gladbach. Seit 2000 ist er Küchenchef im *Restaurant Français* in Frankfurt am Main.

Gegrillte Gänsestopfleber auf Blumenkohl und Zwetschgenchutney

Zutaten

Chutney: 150 g Zwetschgen • 1 EL Öl • 60 g Schalotten, in Würfel geschnitten • 1 TL Senfkörner • etwas eingelegter Ingwer • 1/4 TL englischer Senf • 15 ml Essig • 60 ml Rotwein • 3 cl Pflaumengeist

Gemüse: 1/2 Blumenkohl • 2 Tomaten • 1 Bund Schnittlauch

Gänsestopfleber: 4 Scheiben Gänsestopfleber à 100 g • Salz • Pfeffer aus der Mühle • etwas Mehl

Garnitur: 4 frittierte Rosmarinzweige • 4 Hippengitter • 100 ml Kalbsjus

Für das Chutney die Schalotten in feine Würfel schneiden und in Öl anschwitzen. Eine Prise Zucker und Senf hinzufügen, leicht karamellisieren lassen und mit Essig und Rotwein ablöschen. Zum Schluss die klein geschnittenen Zwetschgen beigeben und leicht zerkochen lassen. Mit Pflaumengeist abschmecken.

Den Blumenkohl in feine kleine Stücke schneiden. Tomaten blanchieren, vierteln, entkernen und in Würfel schneiden. Blumenkohl in Öl goldbraun braten, Tomaten und Schnitt-lauchröllchen zufügen. Mit Salz und Pfeffer abschmecken.

Die Gänseleber mit Salz und Pfeffer würzen und von beiden Seiten mehlieren. Die Scheiben auf dem Grill von beiden Seiten grillen, so dass das typische Grillmuster entsteht.

Auf vorgewärmten Tellern den Blumenkohl in der Mitte anrichten, darauf eine Scheibe Gänsestopfleber legen. Auf die Leber das Chutney anrichten und mit der Garnitur verzieren.

Gunter Ehinger, geboren am 04. 10. 1973 in Dresden, wurde im Hotel *Dresden Hilton* zum Koch ausgebildet. Seine berufliche Laufbahn als Koch führte ihn 1996 zum *Deidesheimer Hof*, in die Restaurants *St. Urban* und *Schwarzer Hahn*, 1998 wechselte Ehinger zum *Hirschen* in Sulzburg, dann zu Dieter Müller in dessen Restaurant im *Schloß Lehrbach* und ins Restaurant *Caroussel* des Hotels *Bülow Residenz* in Dresden. Seit 2002 ist Ehinger Küchenchef im Restaurant *Oberländer Weinstuben* in Karlsruhe und erhielt hier auch seinen ersten Stern.

Sashimi vom Thunfisch mit Emincé von der Karotte, Ingwer und Limonenöl

Zutaten

300 – 400 g Thunfischfilet (Sushi Qualität) • 2 Karotten • 1 ungespritzte Gartengurke • Limonenöl • fleur de sel (Meersalz) • grober schwarzer Pfeffer •

1 reife Avocado • 1/4 Knoblauchzehe, fein zerdrückt • Zitronensaft • 1 Msp. Vitamin C • Salz • Tabasco • 2 Zweige Koriander

100 ml Orangensaft, frisch gepresst und durch ein Sieb passiert • 10 g fein geraspelte Ingwerwurzel • 300 ml Karottensaft (aus entsafteten Karotten oder dem Bio-Fachgeschäft)

20 g Butter • Limonensaft • alter Balsamicoessig • ein wenig Tabasco

Das Filet falls nötig von Sehen durchzogenem Fischfleisch befreien, in kleine Scheiben schneiden und kühl stellen.
Die Karotten schälen. Aus Karotten und Gurke kleine Perlen ausstechen und diese blanchieren.
Die Avocado schälen und halbieren. Den Kern entfernen und das Avocadofruchtfleisch grob schneiden. Avocado mit den restlichen Zutaten in einem Mixer zu einer Creme zerkleinern und mild abschmecken. Nach Geschmack gehackten Koriander unterheben.
Für die Jus den Orangensaft mit dem Ingwer auf die Hälfte reduzieren. Den Karottensaft dazu gießen und die Flüssigkeit auf ein Drittel reduzieren, passieren und mit Butter aufmontieren. Die Jus mit Zitronensaft, Tabasco und etwas Balsamessig leicht säuerlich abschmecken.
Die Avocadocreme in der Mitte eines Suppentellers mit einem kleineren Ausstechring anrichten. Rundherum die Thunfischscheiben und die Gemüseperlen legen. Mit der lauwarmen Karottejus auffüllen. Den Thunfisch mit dem Limonenöl bestreichen und mit Meersalz und Pfeffer würzen. Die Karottenjus mit ein paar Tropfen Limonenöl und garnieren.

Stefan Manier, geb. am 01. 12. 1970 in Bad Pyrmont, wurde im *Hotel Bergkurpark*, in seiner Heimatstadt zum Koch ausgebildet. Nach seiner Ausbildung ging er mehrere Jahre ins Ausland und arbeitete u.a. im *Hotel Carlton*, St. Moritz, im *Bürgenstock Hotels* in Luzern, im *Cavalieri Hilton*, Rom und im Wiener *Restaurant La Scala* sowie im *Gasthof zur Post* in Lech am Arlberg. Zurück in Deutschland arbeitete er in so hochklassigen Häusern wie der *Residenz Heinz Winkler* in Aschau und im *Hotel Gut Ising*, ebenfalls im Chiemgau, bevor er 2000 in Bad Laasphe Küchenchef im Relais & Chateaux Hotel *Jagdhof Glashütte* wurde, ausgezeichnet mit einem Michelinstern. Seit 2005 ist Stefan Manier Geschäftsführer und Küchenchef des *Gasthaus Stromberg* in Waltrop.

Blutwurstforelle mit Lauch und Pfifferlingen

Zutaten

2 Bachforellen á 300 – 400 g • 1/2 Blutwurstring • 2 Zweige Thymian • 1/8 l weiße Fischsauce • 1/16 l Kalbsjus • 1 Stange Lauch • 120 g Pfifferlinge • Meersalz und Pfeffer aus der Mühle • Dill zum Garnieren • Öl zum Braten • 50 g Butter • 1 Knoblauchzehe

Die Forellen mit einem scharfen, flexiblen Messer filetieren. Die Gräten ziehen und vorsichtig die Haut herunter schneiden. Die Forellenfilets nun zwischen 2 Folien leicht klopfen. Die Blutwurst enthäuten und der Länge nach in dünne Scheiben schneiden.

Jetzt jedes Filet mit den Blutwurstscheiben belegen, ein paar Thymianblätter aufstreuen und mit Salz und Pfeffer würzen. Zu einer Roulade aufrollen und mit einem Zahnstocher fixieren.

Beim Lauch das Grüne entfernen und der Länge nach halbieren. Waschen und in 5 cm lange und 1/2 cm breite Streifen schneiden. Die Hälfte der Butter in einer Kasserolle aufschäumen lassen und den Lauch dünsten. Mit Salz und Pfeffer würzen und die Pfifferlinge dazu geben. Schwenken und an den Ofenrand ziehen. Öl in einer Pfanne erhitzen und die Forellen darin ringsum braten. Den restlichen Thymian und die zerdrückte Knoblauchzehe dazu geben und fertig braten.

Zuletzt die übrige Butter zu den Rouladen geben und sie darin nochmals wenden.

Die Sauce aufkochen und alles dekorativ auf heißen Tellern anrichten.

Bernd Siener, geb. am 08. 05. 1968 in Mainz, machte seine Ausbildung zum Koch im *Hotel Steigenberger* in Berlin. Bevor er 1992, 4 Jahre später, Küchenchef in *Averbecks Giebelhof* in Senden wurde und hier auch seinen ersten Michelinstern erhielt, hatte Bernd Siener bereits in einer Reihe erstklassiger Restaurants Station gemacht: u.a 1989 im *Tantris*, München, bei Heinz Winkler und bei Harald Wohlfahrt im *Französischen Restaurant* des Hotels *Traube*, Tonbach. Nach seiner Zeit in *Averbecks Giebelhof* ging Siener noch einmal ins Ausland, arbeitete im *Dolder Grand Hotel* in Zürich und war 1998 in Kolumbien verantwortlich für die Gastronomische Leitung des deutschen Festivals. Seit 1999 ist Bernd Siener Küchenchef im Restaurant *Bel Etage* des Marburger Hotels *Vila Vita* – wiederum mit Michelinstern.

Gebackenes Kaviarei auf Schnittlauchkartoffeln und Smetanasauce

Zutaten

Eier: 5 frische Freilandeier • 50 g Kaviar • Mehl und Panko zum Panieren • Butterschmalz zum Frittieren

Kartoffeln: 400 g fest kochende Kartoffeln • 1 Bund Schalotten • 50 g durchwachsener Speck • 30 g Nussbutter • 250 g Smetana (ein russischer Sauerrahm, ersatzweise Creme fraîche) • 1/2 Bund Schnittlauch • Salz und Pfeffer

Sauce: 200 ml Smetana • 100 ml Kalbsfond • 1/2 Bund Schnittlauch

für 5 Portionen

Die Eier (Zimmertemperatur) 4 1/2 Min kochen (das Eigelb muss noch flüssig sein) und sofort in Eiswasser abschrecken. Vorsichtig pellen und panieren (erst in Mehl, dann in Ei, dann in Panko).
Die Kartoffeln waschen und dann in gut gesalzenem Wasser weich kochen, abschütten, pellen und grob zerstampfen, so dass eine gewisse Struktur erhalten bleibt. Die Schalotte und den Speck in feine Würfel schneiden. Beides in der Butter goldbraun anschwitzen. Dieser Schritt ist sehr wichtig, da sich erst bei der entsprechenden Bräunung der gewünschte Geschmack einstellt. Die Kartoffeln und den Sauerrahm zugeben und alles erwärmen. Mit frisch gemahlenem Pfeffer und Salz abschmecken und im letzten Moment das Schnittlauch unterrühren.
Für die Sauce den Kalbsfond mit dem Sauerrahm erhitzen und abschmecken. Mit einem Stabmixer aufschäumen und Schnittlauch hinzugeben.

Anrichten: Mit Hilfe eines Ringes jeweils ein Viertel der Stampfkartoffeln in der Mitte eines tiefen Tellers anrichten. Die Eier im 180 °C heißen Butterschmalz so lange frittieren bis sie eine schöne braune Farbe haben (ca. 50 Sek.). Vorsichtig einen kleinen Deckel abschneiden, so dass man das flüssige Eigelb sieht. Das Ei leicht salzen und die Eier auf die Kartoffeln setzen. Mit der Sauce umgießen und jedes Ei mit 1/4 des Kaviars krönen (dabei aber bitte keinen Silberlöffel verwenden, sonst schmeckt der Kaviar bitter).

Fissler

Da kommt nur Gutes raus

Stefan Neugebauer,
Küchenleiter

Marc Schlürscheid,
Küchenchef

Gonzalo Castro-Koch,
Sous Chef

Oliver Schnorr,
Sous Chef

Henning Weinheimer,
Junior Sous Chef

Philipp Liebisch,
Chef Entremetier

Markus Kudera,
Chef Patisserie

Sebastian Küspert, Chef Patisserie

Daniel Schroeder, Chef Saucier

Alexander Krack, Chef Entremetier

Henning Köster, Demi Chef Saucier

Stefan Steinke, Demi Chef Garde-manger

Maximilian Schandl, Demi Chef

Alexander Ulrich, Auszubildender

Enrico Ritter, Auszubildender

Sebastian Müller, Auszubildender

Domenic Kraft, Auszubildender

Piotr Madej, Casseroller

Jatzek Depta, Chef Casseroller
Daniel Fuhrmann, Auszubildender
Felix Haase, Auszubildender
Christian Muth, Auszubildender

Ohne Foto

Lieferanten-
verzeichnis

Weinessiggut Doktorenhof GmbH
Georg-Heinrich und Johanna
Wiedemann
Raiffeisenstraße 5
67482 Venningen
Tel.: 06323 / 5505
info@doktorenhof.de
www.doktorenhof.de

Fisch- und Geflügelgroßhandel
Jochen Saumer
Rauentaler Straße 12
76437 Rastatt
Tel.: 07222 / 51008

Pfälzer Markthalle
Herr und Frau Schäfer
Benzstraße 8
67269 Grünstadt
Tel.: 06359 / 84917
pfaelzer-markthalle@t-online.de

Spargelhof Walter
Ludwigstraße 50
67161 Gönnheim
Tel.: 06322 / 66964
spargelhofwalter@t-online.de
www.spargelhof-walter.de

Société d'exploitation
Hubert Spiegel
12 rue de Waldkirch
67600 Selestat
Tel.: 0033 / 390572929
sasspiegel.hubert@wanadoo.fr

Pieters Finefood
Pieter Smit
Ruhweg 56
69198 Schriesheim
Tel.: 06203 / 849525
pieter.smit@t-online.de

Tölzer Kasladen GmbH
Königsdorfer Starße 22 G
83646 Bad Tölz
Tel.: 08041 / 9427
info@toelzer-kasladen.de
www.toelzer-kasladen.de

Essbare Landschaften GmbH
Gutshaus Boltenhagen
18516 Süderholz
Tel.: 038326 / 535780
info@essbare-landschaften.de
www.essbarelandschaften.de

Wildspezialitäten Haushofer
Ingrid Haushofer
Schlettstädter Straße 7
93057 Regensburg
Tel.: 0941 / 6307722

Metzgerei Klaus Hambel
Hintergasse 1
67157 Wachenheim
Tel.: 06322 / 4613
info@metzgerei-hambel.de
www.metzgerei-hambel.de

Wilhelmi's Brotkorb GmbH
Im Lettenhorst 29
67105 Schifferstadt
Tel.: 06235 / 926333
info@baeckerei-wilhelmi.de
www.baeckerei-wilhelmi.de

Böddicker GmbH & Co. KG
Neustraße 30
79312 Emmendingen
Tel.: 07641 / 5084
fa.boeddicker@t-online.de

Bos Food
Ralf Bos GmbH
Grünstraße 24 c
40667 Meerbusch
Tel.: 02132 / 1390
Service@bosfood.de
www.bosfood.de

Caspian Pearl Caviar
Dockenhudener Straße 30
22587 Hamburg-Blankenese
Tel.: 040 / 860569
mail@caspian-pearl-caviar.de
www.caspian-pearl-caviar.de

Kleines Küchen-ABC

Abalone
Meeresschnecke mit köstlichem Geschmack und festem Fleisch, das vor dem Verwenden „weich geklopft" werden sollte.

Ablöschen
Begießen von Bratensatz oder Mehlschwitze mit Flüssigkeit (Brühe, Wasser, Wein o. dgl.).

Amuse-Gueule
(Amuse-Bouche) Gruß aus der Küche. Kleine würzige Häppchen und Naschereien, die den Appetit anregen und den Gast einstimmen auf das, was ihn aus der Küche erwartet. Die Vorstufe zur „kulinarischen Glücksseligkeit".

Anschwitzen
Röstgut bei geringer Hitze nur so lange dünsten, bis es glasig wird, ohne Farbe anzunehmen.

Aromaten
Mischung aus wohl riechenden und wohl schmeckenden Gewürzen, meistens Wacholder, Lorbeer, Pfeffer und Senfkörner.

Blanchieren
Gemüse ganz kurz in sprudelndem Salzwasser kochen, anschließend in Eiswasser abschrecken. Blanchieren erleichtert das Abziehen von Häuten (z. B. bei Tomaten) und erhält Gemüse seine Farbe.

Brandade
Püree aus Kabeljaufleisch (in der Provence Stockfisch), mit Knoblauch und Olivenöl gewürzt.

Brikteig (Brickteig)
Hauchdünne, mit Strudelteig vergleichbare Teigblätter. Als Fertigprodukt im Feinkosthandel zu finden (stammt ursprünglich aus Nordafrika).

Brunoise
Kleine Würfel (1-2 mm Länge) von Wurzelgemüse, vor allem von Karotten, Lauch und Sellerie. Schneidet man das Gemüse in streichholzfeine Streifen, erhält man Julienne.

Chartreuse
1. Feine Gemüsestäbchen werden gartenzaunartig in einen Metallring eingesetzt, der Hohlraum mit klein geschnittenem Fleisch, Fisch oder Gemüse gefüllt.
2. Französischer (gelber oder grüner) Kräuterlikör.

Crêpinette (Netzwürstchen)
In Schweinenetz gehülltes Fleisch.

Engelwurz (Angelika)
Als Gewürz- und Heilpflanze verwendetes Doldengewächs mit aromatischem Geruch und Geschmack.

Farce
Fein durchgedrehtes rohes Kalb-, Geflügel-, Wildfleisch oder Fisch. Wird gut gekühlt und gewürzt, mit Eiweiß und Sahne gemixt, als Füllung oder Umhüllung verwendet.

Filoteig (Filloteig)
In griechischen oder türkischen Geschäften erhältliche dünne Teigblätter, vergleichbar mit Brik- oder Strudelteig.

Fond
Flüssigkeit, die beim Braten, Dämpfen oder Kochen von Fisch, Fleisch, Geflügel und Gemüse entsteht und weiter verwendet wird, weil sie wesentliche Geschmacksstoffe enthält.

Geklärte Butter (Butterschmalz)
Die Butter im Topf langsam erhitzen. Wenn die Butter geschmolzen ist, so lange erwärmen, bis sich auf der Oberfläche klare Blasen bilden und die weiße Molke sich am Topfboden abgesetzt hat. Nun die heiße Butter durch ein Leinentuch passieren. Geklärte Butter verträgt höhere Temperaturen und spritzt nicht beim Braten.

Glacieren (Glasieren)
Überziehen eines Gerichts (oder einzelner Zutaten) mit eigenem Saft, Zuckerlösung oder eingekochter Brühe, damit eine glänzende Oberfläche entsteht.

Gratinieren
Überbacken oder Überkrusten eines Gerichtes unter starker Oberhitze.

Jus
Aus Fleischresten und Knochen hergestellte braune Sauce. Manchmal wird auch der reine Fleischsaft als Jus bezeichnet.

Kataifiteig (Taze Kadayif)
Teigfäden, die man in türkischen oder griechischen Geschäften fertig kaufen kann.

Karamellisieren
Schmelzen und Bräunen von Zucker durch Erhitzen unter ständigem Rühren. Evtl. Ablöschen, wenn der gewünschte Bräunungsgrad erreicht ist.

Konfieren
Fisch, Fleisch oder Gemüse bei geringer Hitze in Olivenöl oder im eigenen Fett mit Gewürzen garen. Zum Aufbewahren gibt man die konfierten Lebensmittel in das Fett.

Kumquat
Längliche Zwergorange mit ganzjähriger Saison und vielseitigen Verwendungsmöglichkeiten.

Läuterzucker (Zuckersirup)
Zucker mit Wasser (auf 1 kg Zucker 1 Liter Wasser) zum Kochen bringen, aufsteigenden Schaum abschöpfen. Läuterzucker ist fast unbegrenzt haltbar, er kann auf Vorrat hergestellt werden.

Maldon-Salz
Beim Salzsieden von Meerwasser abgeschöpfter Schaum. Maldon-Salz löst sich nur langsam auf und gibt nach und nach sein Aroma und seine Würzkraft frei.

Marinieren
Beizen, einlegen in eine würzige Flüssigkeit, um Fleisch, Wild, Fisch oder Gemüse Geschmack zu geben oder mürber zu machen.

Mousse
Feinstes Püree von Fisch, Leber, Geflügel, Krustentieren, Schinken, Gemüse mit Sahne und (oder) Eiweiß vermischt. Als Mousse werden auch schaumige süße Cremes bezeichnet. Die Grundbestandteile können roh oder gegart sein.

Mousseline
Mit Butter verfeinerte Mousse oder Püree in halbfester Konsistenz.

Nappieren (siehe saucieren)

Noilly Prat
Trockener französischer Wermutwein.

Passieren
Eine Flüssigkeit (Suppe, Sauce) durch ein feines Haarsieb streichen oder durch ein Tuch seihen.

Plattieren
Ein Fleischstück vor dem Braten flach drücken und von allen Seiten leicht stauchen, wodurch es zarter wird. Profis benutzen dazu ein Plattiereisen.

Pochieren
Fisch, Fleisch, Eier, Geflügel in Flüssigkeit bei Siedehitze gar ziehen, aber nicht kochen lassen.

Pulpo
Oktopus, Krake. Kopffüßler mit acht mit Saugnäpfen besetzten Armen. Lebt in Felsspalten der Meeresküsten. Das Fleisch der jungen Tiere mit einem Gewicht bis zu 1 kg ist sehr schmackhaft.

Quatre Épices
Mischung aus vier gemahlenen Gewürzen, meistens Muskat, Nelken, Pfeffer, Ingwer oder Zimt.

Reduzieren
Flüssigkeit bei großer Hitze im offenen Topf einkochen, wobei sich die Inhaltsstoffe konzentrieren, der Wassergehalt dagegen vermindert wird.

Sabayon (Zabaione)
Kalte oder warme im Wasserbad aufgeschlagene Schaumsauce aus Zucker, Eigelb, Weißwein oder einem anderen Alkohol. Wird teils noch mit Gelatine gefestigt und mit geschlagener Sahne vermischt.

Salamander
Gerät zur Erzeugung von Oberhitze zum Gratinieren von Speisen. (Ersatzweise Backofengrill).

Saltimbocca
Mit Schinken und Salbeiblättern gefüllte kleine Schnitzelchen aus Kalbfleisch oder Fisch.

Saucieren
(nappieren)
Mit Sauce übergießen.

Sautieren
Klein geschnittene Lebensmittel (z. B. Gemüse oder Pilze) in schäumender Butter durch Schwenken in einer Sauteuse auf den Punkt garen.

Sorbetière
Besondere Eismaschine zum Herstellen von Sorbet.

Temperieren
Auf Verzehrtemperatur bringen, Wein auf die gewünschte Temperatur bringen.

Tempuramehl
Weizenmehl mit Backtriebmittel für knusprige Ausbackteige.

Tomatenconfit
In Olivenöl mit Knoblauch und Kräutern gedünstete und im Öl eingelegte Tomatenwürfel.

Zur Rose abziehen
Eine über dem Wasserbad geschlagene Creme hat die richtige Konsistenz, wenn sie einen Kochlöffelrücken oder Holzspatel überzieht und sich beim Blasen Ringe bilden, die einer Rose ähneln.

Grundrezepte

Fonds und Jus lassen sich sehr gut in größeren Mengen auf Vorrat herstellen. Man kann sie bis zur weiteren Verwendung portionsweise (z. B. in Eiswürfelbeutel) tiefgefrieren oder, kochend heiß eingefüllt, in Schraubdeckelgläsern konservieren.

Kalbsjus

Zutaten

5 kg Kalbsknochen • 2 kg Kalbfleischabschnitte • 3 kg Zwiebeln • 2 kg Karotten • 1 kg Sellerie • 300 g Tomatenmark • 30 g Weizenmehl • 2 l Rotwein trocken • 2 l Portwein trocken • 6 l Kalbsfond • Aromaten • 3 Zehen Knoblauch • 1 Zweig Thymian • 1 Zweig Rosmarin

Die Kalbsknochen in einem großen Topf (oder im Ofen auf einem Blech) goldbraun anrösten. Karotten, Zwiebeln und Sellerie schälen, in walnussgroße Würfel schneiden und mit den Knochen und dem Knoblauch anrösten. Kalbfleischabschnitte und Tomatenmark zugeben, Mehl einstreuen und noch etwas rösten lassen.

Die Weine nach und nach angießen, Kalbsfond auffüllen und aufkochen lassen. Das Fett und den Schaum abschöpfen, restliche Zutaten zugeben und ca. 4 Stunden köcheln lassen.

Die Jus durch ein Tuch passieren und am darauf folgenden Tag einkochen, bis eine kräftige braune Sauce entsteht.

Fischgrundsauce

Zutaten

200 g Schalotten • 100 g Fenchel • 1 Zehe Knoblauch • 30 ml Olivenöl • 100 ml Weißwein • 100 ml Noilly Prat • 600 ml Fischfond • 200 g Crème fraîche • 200 ml Sahne • 200 g Butter • 50 ml Zitronensaft • Pernod, Meersalz, Weißer Pfeffer

Schalotten, Fenchel und Knoblauch in feine Würfel schneiden und im Olivenöl glasig anschwitzen. Mit Weißwein und Noilly Prat ablöschen, reduzieren lassen und den Fischfond auffüllen. Abermals reduzieren lassen.

Crème fraîche, Sahne und Butterwürfel untermixen, Sauce durch ein Haarsieb geben und mit Pernod, Meersalz, Weißem Pfeffer und Zitronensaft abschmecken.

Geflügelfond

Zutaten

3 kg Geflügelkarkassen • 1 kg Zwiebeln • 500 g Karotten • 500 g Staudensellerie • Aromaten • 5 Zehen Knoblauch • 1 Zweig Thymian • 1 Zweig Rosmarin

Die Karkassen in heißem Wasser blanchieren, herausnehmen und wiederum mit kaltem Wasser bedecken. Aufkochen, Trübstoffe mit einer Kelle von der Oberfläche abheben.

Gemüse schälen, zerkleinern und zusammen mit den Gewürzen zum Fond geben. Bei leichter Hitzezufuhr sieden lassen und nach 4 Stunden durch ein Tuch passieren.

Fischfond

Zutaten

3 kg Plattfischgräten • 1 kg Fenchel • 1 kg Zwiebel • 50 ml Olivenöl • 2 l Weißwein trocken • 3 Zehen Knoblauch • 2 Karotten • 2 Sternanis • Aromaten • Meersalz

Fenchel und Zwiebeln zerkleinern und zusammen mit den Plattfischgräten im Olivenöl anschwitzen. Mit dem Weißwein ablöschen und mit Wasser gut bedecken.

Den Fond aufkochen, Knoblauch, Karotten, Sternanis und Aromaten zugeben und 20 Minuten bei mittlerer Hitze ziehen lassen. Durch ein Tuch passieren und mit Meersalz abschmecken.

Vinaigrette für helle Salate und Vorspeisen mit Fleisch

Zutaten

30 ml Estragonessig • 30 ml Safranessig • 20 ml Sherryessig • 140 ml Olivenöl • 30 ml Zitronensaft • 200 ml Geflügelbrühe • 40 ml Zitronenöl • 10 g scharfer Senf • 1 Zweig Estragon • 1 Zehe Knoblauch • Meersalz, Pfeffer, Zucker

Alle Zutaten in einen Mixer geben und 3 Minuten verquirlen. Die Vinaigrette durch ein Sieb geben.

Vinaigrette für dunkle Salate und Vorspeisen mit Fleisch

Zutaten

140 ml alter Balsamicoessig • 40 ml junger Balsamicoessig • 80 ml Rotweinessig • 2 EL Johannisbeergelee • 50 ml reduzierter Madeira • 50 ml reduzierter Portwein • 30 g grober Senf • 100 ml fruchtiges Olivenöl • 80 ml herbes Olivenöl • 250 ml kräftige Rinderbrühe • 1 Zweig Rosmarin • 1 Zweig Thymian • 2 Zehen Knoblauch • Meersalz, Schwarzer Pfeffer

Alle Zutaten vermengen und im einen Mixer 2 Minuten verquirlen. Die Vinaigrette durch ein Sieb geben.

Rezeptverzeichnis

Rezepte für den Frühling

> Fünferlei Frühlings Amuse-Bouche 30
Rollmops von Sardelle und Rind • Tatar vom Loup de mer mit grünen Mandeln • Konfierter Steinbutt mit Paprika • Lachs und Kapern im Knuspermantel • Kombination von Jacobsmuschel und Kalbsfilet
> Salat von Hummer und Fenchel mit Orangenvinaigrette und Meerwassergelee 32
> In Zitronenpfeffer eingelegter Seeteufel mit Pulpocarpaccio 34
> Essenz von grünen Bohnen unter der Blätterteighaube 36
> Lauwarmer Topinambursalat mit gebratener Rotbarbe 38
> Geräuchertes Bachsaiblingsfilet auf mariniertem Spargel mit pochierten Wachteleiern und Ossietra-Kaviar 40
> Leicht geräuchertes Kalbsfilet mit geimpftem Ei und Blattpetersilienrisotto 42
> Espressosabayon mit weißem Schokoladeneis 44
> Mousse von Spargel und Safran mit Engelwurzsorbet 46

Rezepte für den Sommer

> Fünferlei Sommer Amuse-Bouche 62
Gebackene Hummerpraline • Lammzungenragout im Blätterteig • Saltimbocca vom Loup de mer mit grünen Tomaten • Jacobsmuschelcarpaccio mit Schwarzkümmel • Gebratene Stopfleber mit Balsamico-Erdbeere
> Froschschenkel und Pulpo mit Mango-Chili-Vinaigrette 64
> Mousse von Bachkrebsen im Safrangeleemantel 66
> Rahmsüppchen von Zucchini und Gorgonzola mit gebackenem Birnensäckchen 68
> Ravioli vom Saint Pierre mit Karottenschaum und Brandade-Püree 70
> Gespickter Loup de mer auf Tomatenconfit mit gebackenen Sardellen und Kapernbeeren 72
> Ziegenfrischkäse im Speckmantel mit gelierten Balsamico-Spaghetti 74
> Kombination von Himbeeren und Tomate mit Olivenöleis 76
> Geeistes Süppchen von der Charentais-Melone mit Walnusseis 78

Rezepte für den Herbst

> Fünferlei Herbst Amuse-Bouche 92

Krautwickel vom Kalbsbäckchen und Trüffel • Crépinette von der Ente mit Rotweinbirne • Abalone mit Kumquatvinaigrette • Kapern-Sardellenbällchen mit Roter Bete-Sauce • Sesam-Meeresfrüchte Krokette

> Lauwarmes Jacobsmuschelcarpaccio mit Erdnuss- und Baumtomatensauce 94
> Rahmsüppchen vom Hakkaido-Kürbis mit Ingwerkrebsen 96
> Mit Steinpilzen gespickte Perlhuhnbrust an Kohlrabinudeln und Lavendeljus 98
> Atlanitk-Steinbutt mit karamellisierten Schweineohren und Herbsttrompeten an Safranschaum 100
> Rinderfilet auf Belugalinsen mit geräuchertem Kartoffelpüree und weißer Pfeffersauce 102
> Creme von Ingwer und weißer Schokolade mit Kürbiskernöleis 104
> Mousse von Roter Bete und Blütenhonig mit Schwarzkümmeleis 106
> Feigentarte mit Pumpernickeleis und Mandelschaum 108

Rezepte für den Winter

> Fünferlei Winter Amuse Bouche 122

Gebratene Blutwurst mit Meerrettich-Couscous • Spieß von Kaisergranat mit Taubenherz • Hahnenkämme mit Rochenflügel • Carpaccio vom Reh mit Steckrüben und langem Pfeffer • Aal mit geräuchertem Kartoffelsalat

> Tortelloni von Maronen mit Maronen-Latschenkieferschaum 124
> Rahmsüppchen von Mais und Kokos mit gemahlenem Sternanis 126
> Weißer Heilbutt mit Erbsenmousseline und geräucherter Steinpilzsauce 128
> Gebratener Saint Pierre mit Kaiseromelette und Aprikosenpolenta 130
> Saumagen „auf meine Art" mit Gänsestopfleber und Périgord-Trüffel 132
> Strudel von Wachtel und Milchkalbsleber mit bunten Kartoffeln 134
> Dreierlei Pralinen 36
> Zerlaufenes Advendsküchlein mit Gewürz-Orangen und Christstolleneis 138

Gestaltung und DTP
juhu media, Susanne Dölz, Bad Vilbel

Reproduktion
RGD, Digitale Medientechnik, Langen

Texte
Texte für Rezepte, Kochkurse, Kochfreu(n)de:
Stefan Neugebauer, Deidesheim
Texte zum Wein: Andreas Weber, Deidesheim
Alle weiteren Texte: Gertrud und Eberhard Löbell, Ihringen

Lektorat
Angela Thomaschik

Rezepte
Stefan Neugebauer, Deidesheimer Hof, Deidesheim

Fotografien
Björn Kray Iversen, Albersweiler

Druck und Verarbeitung
NINO Druck GmbH, Neustadt/W.

v. l. Stefan Neugebauer
Björn Kray Iversen

Alle Gerichte von Stefan Neugebauer für diesen Titel wurden angerichtet auf Tellern der Firma Rosenthal AG, Selb.
Wir bedanken uns herzlich für die freundliche Unterstützung.
Foto S. 8 mit freundlicher Genehmigung der Tourist-Information Deidesheim

Printed in Germany
ISBN 3-86528-223-7

Besuchen Sie uns im Internet
www.umschau-buchverlag.de

Danksagung

*Gedenke der Quelle
wenn du trinkst*

Wenn man so darüber nachdenkt, wem man danken darf, ist das eine ziemlich langwierige Sache, denn man stellt fest, dass man sehr vielen sehr dankbar sein muss.

Ich fange mal ganz von vorn an: Achim Schwekendiek, der wohl die schwerste Aufgabe hatte, nämlich in drei Jahren einen Koch aus mir zu machen. Heinz Winkler, Dieter Müller, Hans Jörg Wöhrle, Manfred Schwarz und nicht zuletzt zwei Generationen der Familie Hahn waren und sind mir verlässliche Begleiter meiner kulinarischen Laufbahn.

Ich freue mich, dass wir Partner gefunden haben, die unsere Philosophie teilen, denn der Geschmack ist die Kunst, sich auf Kleinigkeiten zu verstehen, und eben gerade auf diese kommt es an.

Vielen Dank an alle Sponsoren und Lieferanten – und an Andreas Weber, die wohl einzigartige Kreuzung aus Mensch und Pfälzer Weinen, was ich meine: er lebt mit und für Weine.
Man kann mit viel Geschmack und wenig Geist immer noch Erfolg haben, aber niemals mit viel Geist und wenig Geschmack. Dass mein Freund Andreas von beiden mehr als genügend hat, stellt man spätestens beim Betrachten der „weininfizierten" Seiten dieses Buches fest. Danke Andreas!

Björn Kray Iversen, der Norweger und Wahlpfälzer, lebt für gute Weine, gutes Essen und vor allem für gute Fotografien. Diese drei Begabungen ließen sich in unserem Projekt optimal verbinden, so dass Björn gleichermaßen Ideengeber, Antreiber und konstruktiver Kritiker war. Er ist es auch, der mit seinen Fotos unserem Buch ein Gesicht gegeben hat, das all meine Erwartungen übertroffen hat. Danke Björn!

Danke auch an das Ehepaar Löbell, meiner Küchencrew, dem Team vom Umschau Verlag und allen, die auch mal darüber nachgedacht haben, wem man so alles danken darf.

Stefan Neugebauer